Wolfenbütteler Akademie-Texte
Band 30

Andreas Grünewald Steiger, Rita Klages (Hrsg.)

Forum Kultur: Die Praxis der Interkultur
Dokumentation des Symposions vom 1. – 2. Juni 2006

Bundesakademie für kulturelle Bildung Wolfenbüttel 2007

Der Band 30 der Reihe WOLFENBÜTTELER AKADEMIE-TEXTE (WAT) dokumentiert das Symposion ‚FORUM KULTUR: DIE PRAXIS DER INTERKULTUR', das vom 1. - 2. Juni 2006 an der BUNDESAKADEMIE FÜR KULTURELLE BILDUNG WOLFENBÜTTEL stattgefunden hat.

Leitung & Redaktion: Andreas Grünewald Steiger und Rita Klages

Fotos: Alle Rechte bei den Autoren (sofern nicht anders angegeben)

Die BUNDESAKADEMIE FÜR KULTURELLE BILDUNG WOLFENBÜTTEL im Internet: www.bundesakademie.de

Die Reihe WOLFENBÜTTELER AKADEMIE-TEXTE (WAT) gibt die BUNDESAKADEMIE FÜR KULTURELLE BILDUNG WOLFENBÜTTEL heraus.

© Alle Rechte für das Gesamtwerk liegen bei den Herausgebern.

Wolfenbüttel 2007

ISBN: 978-3-929622-30-0

Herstellung und Vertrieb: Books on Demand GmbH, Norderstedt

Inhalt

FORUM KULTUR: DIE PRAXIS DER INTERKULTUR

* * *

ANDREAS GRÜNEWALD STEIGER, RITA KLAGES
REICHTUM UND RESSOURCE: DIVERSITÄT DER KULTUR 6

ANKA BOLDUAN
FORSCHEN IN EIGENER SACHE: FIES
EIN INTERKULTURELLES JUGENDPROJEKT AM ÜBERSEEMUSEUM BREMEN 10

MIRIAM COHN
JUGENDLICHEN EINE PLATTFORM GEBEN
DAS PROJEKT ‚URBAN ISLAM MEDIAL' AM MUSEUM DER KULTUREN IN BASEL 31

ANNA GABRIELA FIERZ
FESTE IM LICHT – RELIGIÖSE VIELFALT EINER STADT 42

CAROLINE GRITSCHKE
„MEINE STUTTGARTER GESCHICHTE"
INTERKULTURELLES (HER-)AUSSTELLEN VON BIOGRAPHIEN 52

ELEONORE HEFNER
ANELLINO - GESCHICHTE(N) ZUR MIGRATION IN LUDWIGSHAFEN 65

RICHARD NAWEZI
MUTOTO CHAUD – EIN DEUTSCH-KONKOLESISCHES KOOPERATIONSPROJEKT
ALS BRÜCKENBAUER ZWISCHEN DEN WELTEN 73

ULRIKE OSTEN
UNDER CONSTRUCTION: LEBENSGESCHICHTEN VON MIGRANTEN
IN BREMER UNTERNEHMEN 80

BARBARA ROTHE
DIE STRABE DER MENSCHENRECHTE 93

KATRIN WERLICH
PRINZIPIEN DER ARBEIT DES AL GLOBE 109

ANHANG

AUTORINNEN UND AUTOREN 122

WOLFENBÜTTELER AKADEMIE-TEXTE 126

IN EIGENER SACHE 129

Wolfenbütteler Akademie-Texte 30

Forum Kultur

Die Praxis der Interkultur

Dokumentation des Symposions vom

1. – 2. Juni 2006

ANDREAS GRÜNEWALD STEIGER, RITA KLAGES
REICHTUM UND RESSOURCE: DIVERSITÄT DER KULTUR

Europaweit haben in den letzten 50 Jahren ca. 60 Millionen Menschen ihren Wohnort gewechselt. Seit etwa 1980 nimmt die Einwanderung aus nichteuropäischen Regionen zu. Deutschland ist Einwanderungsland und wird sich – auch angesichts seiner demographischen Entwicklung – der Veränderungen seiner Gesellschaft durch Immigration stellen müssen.

In diesem Zusammenhang kann und soll Kulturarbeit einen Beitrag zur gesellschaftlichen Selbstverständigung für alle Bevölkerungsgruppen liefern, sowohl für die angestammten als auch für die neu hinzugekommen. Dabei gilt es, Kulturenvielfalt in einen öffentlichen Dialog und ein produktives und sinnliches Verhältnis zwischen Mensch und Gesellschaft zu bringen, sich und andere dafür zu sensibilisieren:

„Die gesellschaftliche Situation Deutschlands ist unter anderem gekennzeichnet durch die Zunahme an Verschiedenheit in den kulturellen Herkommen seiner Bevölkerung. Diese Situation wird sich im Rahmen der EU-Erweiterung und der altersdemographischen Entwicklung der deutschen ‚Stammbevölkerung', die Zuzug jüngerer Menschen (eigentlich in hohem Maße) erfordert, noch verstärken. Häufig wird diese kulturelle Diversifikation als Bedrohung gesehen. Aber sie birgt auch Chancen in sich. Das gilt auch und gerade für den Bereich der Künste, die schon seit langem und selbstverständlich die nationalkulturellen Grenzen hinter sich gelassen und sich voneinander haben anregen lassen. Diversität ist hier Reichtum und keine Bedrohung."

So formulierte die Bundesakademie ein Projekt, an dem sich im Juni 2005 alle Programmbereiche konzeptionell und ausführend in unterschiedlichen Formen fachübergreifend beteiligten[1]. Im Programmbereich Museum wurden dabei zwei Veranstaltungen entwickelt: zum einen war dies der Workshop mit dem Thema „Museum denken! Ein Diskurs über mögliche und denkbare interkulturelle Zukünfte und Existenzformen des Museums", zum anderen ein Symposion mit dem Titel „Netzwerk Interkultur". Mit dem Symposion wurde der Versuch unternommen, einen überregionalen Impuls zur Bündelung und

---

[1] Das Projekt ‚Kiosk' umfasste zwischen dem 19. – 27. Juni 2005 sieben Seminare, Symposien und Workshops zum Thema ‚Interkultur'.

Fokussierung geplanter oder bereits bestehender Projekte und Initiativen im Bildungs- und Kulturbereich zu geben. Das erklärte Ziel der Tagung bestand darin, einer Situation zu begegnen, in der sich viele interkulturell ausgerichtete Projekte überwiegend aus zeitlich befristeten, und damit wenig nachhaltig wirksamen, Projektmitteln finanzieren. Dieser Umstand erschwert es, bewährte Konzepte, Netzwerke und Handlungsfelder in eine langfristige Perspektive zu bringen. Auszuloten war und ist, wie und wo im überregionalen Verbund eine Verstärkung der Praxis, der Ressourcen und der Kontakte erfolgen kann. Bei der Überlegung zu der Kernaussage des Symposions stand die These im Fordergrund, dass interkulturelles Lernen und kulturübergreifendes Arbeiten eine nicht zu unterschätzende und möglicherweise zu oft übersehene Ressource gesellschaftlicher Entwicklungsmöglichkeiten darstellt. Miteinander den kulturübergreifenden Dialog zu etablieren begreift sich in diesem Sinne als eine fundamentale Herausforderung für die Museen, verstehen sie sich doch als tragende Institutionen der Werte des Humanismus und der Aufklärung. Sie bieten Grundlagen zur Entwicklung und Konstruktion neuer Entwürfe und weiterführender Gesellschaftsmodelle.

Im Juni 2006 wurde dieser Faden erneut aufgegriffen und innerhalb des Forums Interkultur weiterentwickelt. Neun Beiträge aus Deutschland und der Schweiz beschäftigten sich mit unterschiedlichen Ansätzen interkultureller Projektarbeit, wobei der Schwerpunkt in der Darstellung des Mediums Ausstellung lag. Dazu wurden Beispiele präsentiert und diskutiert aus dem Überseemuseum und dem Hafenmuseum in Bremen, dem Haus der Kulturen in Basel, dem ‚Haus 49' (einem internationalen Stadtteilzentrum in Stuttgart), dem Germanischen Nationalmuseum in Nürnberg und dem Stadtmuseum Ludwigshafen. Angereichert wurde der Diskurs durch das binationale Projekt einer deutsch-kongolesischen Theaterkooperation mit Münster als Ausgangsort sowie einem Beitrag aus dem ‚al globe' im Brandenburgischen Haus der Kulturen in Potsdam über deutsch-polnische Kooperationsprojekte in Grenzregionen.

Wesentliche Erkenntnis dieses und des vorangegangenen Symposions ist, dass interkulturelle Projekte nicht im Sinne einer didaktischen Erklärung des Fremden und Anderen konstruiert sein dürfen, sondern grundsätzlich dialogisch und partizipativ angelegt sein müssen. Ein weiterer Aspekt, der nach Auffassung der Beteiligten zur Tragfähigkeit und damit letztlich zur langfristigen Wirksamkeit führt, ist weniger inhaltlich bestimmt, als vielmehr eine Frage der (kultur)politischen Wahrnehmung und Gewichtung des Themas. An dieser Stelle wäre, so der dringende Wunsch der Diskutanten, eine deutlich gesteigerte Akzeptanz und gezieltere Unterstützung qualitativ anspruchsvoller Projekte notwendig. Dass diese Entwicklung in der Kulturpolitik noch nicht in dem Maße eingesetzt hat, liegt möglicherweise an den noch nicht eindeutig definierten Kriterien, die kulturell nachhaltige Konzepte von denen unterscheiden, die zwar öffentlichkeitswirksam, aber ohne jede formende Kraft sind. Hier besteht weiter ein Desiderat und es gilt, genau hier den Hebel anzusetzen und zu handeln. Ein wichtiger Schritt dahin war sicherlich auch die 1. Bundesfachkonferenz Interkultur, die sich im Oktober 2006 in Stuttgart diesen und anderen Fragen in der interkulturellen und interreligiösen Kulturarbeit stellte. Die Initialzündung für diesen Bundesfachkongress gab auch das Fachsymposion zum Netzwerk Interkultur im Jahre 2005.

Die vorliegende Veröffentlichung nimmt für sich in Anspruch, die Qualität der interkulturellen Arbeit anhand praktischer Modelle zu umreißen. In ihrem Zentrum stehen Erfahrungsberichte über Projekte aus dem Museums- und Kulturbereich, die sich mit Migrationsprozessen und ihren vielfältigen interkulturellen Perspektiven und Entwicklungsmöglichkeiten auseinandersetzen. Bei deren Auswahl und Darstellung lag das Augenmerk ausschließlich auf Konzepten, die über einen folkloristisch-affirmativen oder didaktisch-belehrenden Anspruch weit hinausgingen und damit in ihren jeweiligen gesellschaftlichen Kontexten auch tatsächlich gestaltend wirkten.

Die Qualität der vorgestellten Projekte zeichnet sich durch das zutiefst verankerte demokratische Selbstverständnis der Referenten und der durch sie vertretenen Organisationen aus. Ihre Praxis verbindet sich somit ganz selbstverständlich und grundsätzlich mit dem Anliegen, Interkultur als unmittelbaren Bestandteil der Kulturarbeit zu etablieren, neue Zielgruppen zu benennen und dialogorientierte Ansätze zu verankern. Kunst und Kultur sollen somit auch für die Interessen und Anliegen von MigrantInnen und deren Nachfolgegenerationen zugänglich gemacht und neue Aktionsfelder in Museen und Gemeinwesen erschlossen werden. MigrantInnen können eine wichtige Rolle als Brückenbauer zwischen den Kulturen in ihrem Herkunfts- und Residenzland einnehmen. Es gilt, kulturelle und religiöse Vielfalt als Ressource im Sinne eines gesellschaftlichen Mehrwerts, auch in ländlichen Regionen mit niedrigem Ausländeranteil, zu erkennen und zu nutzen.

Beispielhaft wird gezeigt, wie MigrantInnen im Verbund mit ihren Communities als neue Zielgruppen von Museen oder Einrichtungen der Bildungs- und Kulturarbeit gewonnen werden können. Partizipative und interdisziplinäre Ansätze wurden in Zusammenarbeit mit MigrantInnen und deren Organisationen entwickelt, um das soziale Gedächtnis einer Stadt oder Region auch mit ihren Erfahrungen zu verbinden. Durch die prozessorientierte enge Zusammenarbeit mit Migrantencommunities wurde das Museum zu einem Forum für unterschiedliche Sichtweisen, Erfahrungen und Werthaltungen. Im Fokus der Ersteinwanderer und deren Nachfolgegenerationen wurden handlungsorientierte Ausstellungsprojekte erprobt. Neue Zielgruppen wurden benannt, die mit neuen (museums)pädagogischen Ansätzen Fragen nach der eigenen Identität im jeweiligen Lebensumfeld in den Mittelpunkt stellten und Eigenaktivierung forderten. Sie ermöglichen multiethnischen Jugendgruppen das selbständige Forschen und Lernen und setzen auf die Stärkung der eigenen Kompetenz. Die eigenen Werte und die Wertschätzung der heimatlichen Kultur entwickeln sich zu einem gemeinsaen Kulturgut, sie werden dadurch zu Prinzipien, die Wegbereiter einer pluralistischen demokratischen Gesellschaft sind.

Perspektivisch angestrebt ist die Bildung eines kontinuierlichen Forums, in dem es um einen intensiven Austausch von Inhalten und best-practice-Projekterfahrungen geht, wo fachliche Analysen und Reflektionen über die gemeinsame Praxis und deren Rahmenbedingungen und eine langfristige gesellschaftspolitische Positionierung vorgenommen werden. Das ‚ForumKultur: Interkultur' wird deshalb auch im Jahresprogramm 2007 eine Fortsetzung erfahren.

In diesem Sinne wünschen wir uns, dass diese Projektdokumentation dazu beiträgt, eine Kultur weiter zu entwickeln, die sich in ständiger Bewegung und permanentem Austausch befindet, denn in ihr ist Interkultur nicht alles, sondern ein Teilaspekt, der organisch in einem Ganzen aufgeht.

Anka Bolduan

Forschen in eigener Sache: FIES
Ein interkulturelles Jugendprojekt am Überseemuseum Bremen
Multi-ethnische, jugendliche Besuchergruppen: eine neue Herausforderung für die Museen

Jugendliche und junge Menschen bilden in den meisten deutschen Museen nur eine kleine Besuchergruppe. Nur eine geringe Anzahl von Lehrern der Sekundarstufe I und II-Schulen nutzen mit Schülern dieser Altersgruppe das Museum als außerschulischen Lernort und die meisten Jugendlichen sehen das Museum nicht als Ort ihrer Freizeitaktivitäten.

Die Gründe dafür sind sicherlich vielfältig. Jugendliche sind auf Grund körperlicher und geistiger Veränderungen in der Pubertät überwiegend mit sich selbst beschäftigt. Während sie im Kindesalter noch allem Neuen mit spontanem Entdeckerdrang zugewandt sind, verändert sich bei den Heranwachsenden dieser Antrieb. Der Wunsch, Neues zu entdecken, findet in allgemeiner Skepsis und Abgrenzung gegenüber schon Bekanntem oder Autoritäten statt. Gleichzeitig suchen Jugendliche aber auch nach eigener oder neuer Identität in Abgrenzung zu ihrem Kinderleben und abseits der ausgetretenen Pfade elterlicher Vorstellungen. Der eigene Stand in der Familie, der Gruppe, bei den Freunden will neu definiert werden. Die Frage nach dem „Wer bin ich? Wo komme ich her? Wie will ich mich darstellen?" steht im Mittelpunkt der möglichen Erlebnisse. Besonders schwierig ist dieses Alter für Jugendliche, die in zwei Kulturkreisen aufwachsen oder deren Eltern in erster oder zweiter Generation nach Deutschland eingewandert sind. Sie suchen nach eigener Identität in Auseinandersetzung mit mehreren Kulturkreisen.

Ausgehend von diesen Überlegungen stellt sich die Frage, ob Museen in der aktuellen Situation in ihrer Ausstellungsgestaltung oder Thematik bezüglich ihrer Aufenthaltsqualität und dem Veranstaltungsangebot diesem Besucherklientel gerecht werden. Sicherlich gibt es eine Menge guter Beispiele für die Ansprache von Jugendlichen in den Jugendmuseen und den Science-Centern. Aber lassen sich Jugendliche zum Besuch eines Museums motivieren, das mit seinen Ausstellungen eine Vielzahl von Besuchern ansprechen will und sich nicht explizit als Hands on-Museum versteht? Und in welcher Weise können Ausstellungen diesem veränderten Besucherklientel, nämlich multikulturell zusammengesetzten jugendlichen Besuchergruppen, gerecht werden?

Das Überseemuseum Bremen bietet sich mit seinen drei Sammlungssparten Naturkunde, Völkerkunde und Handel und der Neukonzeption seiner interdisziplinären Ausstellungsbereiche für Jugendliche als ein geeignetes Forum für eine neue Standort-Findung an. In interdisziplinären Ausstellungspräsentationen werden die Wechselwirkungen von menschlichem Handeln und Natur, die Bedeutung der Natur für den Menschen, etwa in der Religionsbildung und in der Kunst die Auswirkungen wirtschaftlichen Handelns auf die Natur, die Darstellung volkswirtschaftlicher Wirtschaftsbeziehungen, aber natürlich auch Themen wie globale Klimaentwicklung, weltweite Wanderbewegungen und Weltmusik dargestellt.

In den neukonzipierten Ausstellungen geht es – anders als vor dem heimischen Computer, um eine Auseinandersetzung mit realen Objekten. Allein oder eingebettet in eine Inszenierung regt das Museum den Jugendlichen zur sinnlichen Wahrnehmung an, wirft Fragen auf, konfrontiert mit anderen Betrachtungsweisen und Wertvorstellungen anderer Kulturen, stellt die eigenen in Frage, schafft neue Erkenntnisse. Ausgehend vom Original werden zukunftsrelevante Themen aufgegriffen, oft im Rückgriff auf historische Gegebenheiten als Verständnisgrundlage für Gegenwart und Zukunft. Zusammenhänge werden auch durch interdisziplinäre Ansätze (Natur, Kultur und Handel) in der Ausstellungsdidaktik aufgezeigt.

Dabei wird der Bogen vom Regionalen zum Globalen gespannt. Unterschiedliche Informationsebenen in den Ausstellungen ermöglichen dem Besucher eine selbsttätige Erarbeitung der Ausstellungsinhalte. Informationen in den Monitoren der Ausstellung und zusätzlich in den Videoguides geben insbesondere auch Jugendlichen und Lehrern die Möglichkeit, das Wissen der Museumsexperten am außerschulischen Lernort Museum zu nutzen.

NACHHALTIGE ERLEBNISSE...

Wollen wir die Jugendlichen langfristig als Museumsgänger gewinnen, müssen wir ihnen nachhaltige Erlebnisse bieten. Inhalte und Arbeitsweisen der Museumspädagogik sollten einen direkten Bezug zum Leben Jugendlicher erhalten. Die Betrachtung und Besprechung der in den Ausstellungen vorhandenen entfunktionalisierten Exponate bedarf neben Erkenntnis fördernden Sachinformationen einer Aufladung mit subjektiver Bedeutung, die dem Jugendlichen den Bezug zu seiner Alltagsrealität in einer globalisierten Welt deutlich spüren lässt. Dabei muss der heterogenen Zusammensetzung der jugendlichen Besuchergruppe Rechnung getragen und Ausstellungsthemen und Exponate multiperspektivisch bearbeitet werden. Museumspädagogische Angebote sollten sich wegbewegen von mehr konsumierenden Arbeitsformen, wie der Führung, zu handlungsorientierten Projekten, die selbsttätiges und forschendes Lernen ermöglichen.

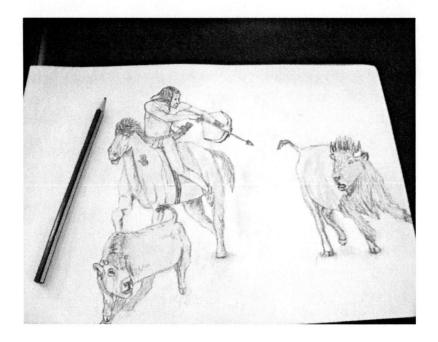

Dies gilt insbesondere für die Arbeit mit multi-ethnischen Jugendgruppen. Nach Ulrich Paatsch sind mögliche Arbeitsfelder einer interkulturellen Museumspädagogik[1]:

- Das Eigene im Fremden und das Fremde im Eigenen entdecken...
  Hier geht es darum, fremde Kulturen oder auch fremde Aspekte der eigenen Geschichte besser kennen zu lernen und sich über kulturelle Unterschiede und Kulturkontakte zu informieren. Entscheidend ist dabei, dass eine Beziehung des Eigenen zum Fremden hergestellt wird.
- Fremdheit emotional erfahren...
  Hier geht es um das Befremden beim Kontakt mit Menschen eines anderen Kulturkreises und um die Reaktionen, die dies auslöst.
- Gemeinsamkeiten entdecken...

In diesem Arbeitsfeld soll zum Beispiel die Erfahrung ermöglich werden, dass Unterschiede innerhalb einer Kultur gelegentlich größer sein können als zwischen zwei einander fremden Kulturen. Museumspädagogisch gibt es ein breites Spektrum von methodischen Ansatzpunkten, um diese Gemeinsamkeiten zum Vorschein zu bringen: zum Beispiel die Beschäftigung mit der Bekleidung von Völkern, mit Essen und Kochen, Festen und bestimmten Riten des Lebenslaufs etc. Gemeinsamkeiten zwischen Menschen unterschiedlicher Kultur lassen sich außerdem besonders gut in gemeinsamen Aktivitäten erfahren. Dafür bieten sich an: Kunstaktionen, Stadtforschungsprojekte, Kinderwerkstätten, Videoprojekte etc., jeweils unter deutsch-ausländischer Beteiligung.

- Unterschiede entdecken, Andersartigkeit respektieren...
  Hier geht es darum, die Akzeptanz kultureller Unterschiede von Menschen aus anderen Kulturkreisen zu fördern, und zwar auch dann, wenn die Erscheinungs- und Ausdrucksformen dieser Kultur nicht ins eigene Weltbild passen.

---

[1] Paatsch, Ulrich: Museumspädagogik als Mittlerin zwischen den Kulturen - Umrisse eines Konzepts. In STANDBEIN/SPIELBEIN 10/96 (Hg. Bundesverband Museumspädagogik e.V.).

- Konflikt, Unbehagen und Vorurteile artikulieren...
Hier geht es um den Konflikt selbst: Das Unbehagen gegen Fremde soll zur Sprache kommen, die Ablehnung und die Vorurteile sollen offen genannt werden....

Nach langjährigen positiven Erfahrungen in der Projektarbeit mit Jugendlichen, die sich über einen längeren Zeitraum im Museum beschäftigten, künstlerisch angeleitet wurden und sich mit ihren Ergebnissen präsentierten, startete das Überseemuseum Bremen Ende 2004 ein umfassendes Projekt mit neuen Ideen in der interkulturellen Museumspädagogik für Jugendliche und entwickelte folgendes Konzept:

FIES – FORSCHEN IN EIGENER SACHE
Ein Projekt des Überseemuseums für Jugendliche und junge Menschen zwischen 14 und 20 Jahren

ZIELE UND BOTSCHAFTEN

Das Projekt will:

- Den interkulturellen Dialog fördern. Dabei bietet das Überseemuseum mit seinen Darstellungen zum Leben unterschiedlicher Kulturen die geeignete Plattform für die Auseinandersetzung Jugendlicher mit der eigenen Kultur ohne spezifische Wertungen vornehmen zu müssen, wie es so leicht zwischen Jugendlichen unterschiedlichster Herkunft vorkommt.

- Jugendliche zur aktiven Auseinandersetzung mit ihrer eigenen Geschichte, ihrer Herkunft, ihrem Umfeld und den Entwicklungen in einer globalisierten Welt motivieren. Bei der Recherche an einem selbst formulierten Thema werden sie zu Feldforschern in ihrem Stadtteil, in den Bibliotheken, kulturellen Einrichtungen etc. Sie werden zu Experten ihrer eigenen kulturellen Spuren und lernen das Fremde als Verschiedenheit bewusst wahrnehmen und so eigene Wertmaßstäbe überdenken. Dabei können die interdisziplinären Dauerausstellungen des Überseemuseums die Unterschiede von Perspektivisierungen unterschiedlicher Kulturen der Welt deutlich machen.

- Den Dialog zwischen den Generationen anregen. Die Jugendlichen lernen mit anderen Jugendlichen, Eltern und Großeltern, Migranten und Experten in wissenschaftlichen Einrichtungen wie Museen zu kommunizieren. Kontakte zu Menschen aus anderen Kulturen, die authentisch mit eigenen Erfahrungen und Wissen zum Dialog beitragen, können Neugier und Respekt vor Andersartigem wecken.

- Jugendlichen am Beispiel der Ausstellungen und Sammlungen die museumsspezifischen Arbeitsformen „Sammeln, Bewahren, Forschen, Vermitteln" als Hilfsmittel zur eigenen (Neu-)Orientierung vermitteln. Das Eigeninteresse der Jugendlichen und der Spaß an der Sache sollen dabei im Vordergrund stehen. So wird jedem Teilnehmer klar, dass ein Museum mehr bietet als „altes Gerümpel".

- Dazu beitragen, Jugendlichen in Form von selbsttätigem und selbst gesteuertem Arbeiten Denkanstöße und Fähigkeiten zu vermitteln. Das Arbeiten mit Kreativität fördernden Ansätzen soll Selbstwertgefühl schaffen. Die Möglichkeit, die erarbeiteten Ergebnisse einer breiten Öffentlichkeit zu präsentieren, fördert Selbstvertrauen und stärkt das eigene Präsentationsvermögen bei den Teilnehmern und Anerkennung und Verbreitung in der Bevölkerung.

- Kenntnisse im Umgang mit Medien (Foto, Film, Video, Tonaufnahmen, Internet) vermitteln. Das Projekt gibt den Beteiligten ein hohes Maß an Sach- und Methodenwissen, sozialer und medialer Kompetenz.

ZIELGRUPPEN

Das Projekt wendet sich an Schulen, die in Projektwochen, Wahlpflichtkursen oder außerunterrichtlichen AGs verschiedene Projektthemen anbieten können. Die Teilnehmer der Projekte arbeiten somit klassen- und schulartenübergreifend.

FIES kann ebenfalls als offenes Jugendangebot im Museum, an Jugendfreizeiteinrichtungen und Jugendzentren etc. durchgeführt werden, so dass jeder Jugendliche die Möglichkeit hat, an dem Projekt teilzunehmen. Da die Teilnahme freiwillig ist und die Jugendlichen nach persönlichen Vorlieben das Thema wählen können, ist von einer hohen Motivation der Jugendlichen auszugehen.

DIE IDEE

Das Überseemuseum setzt in diesem Projekt an seinen Aufgaben Sammeln, Bewahren, Forschen, Vermitteln an: Ausgestellte Objekte/ Präparate haben ihre eigene Geschichte, sind Ausdruck einer bestimmten Zeit, erzählen über Herkunft und Beziehungen, über Funktion und Sammler. Mögliche Themen wie ‚Wohnen', ‚Beziehungen/ Freundschaft', ‚Arbeiten', ‚Freizeit' oder ‚Umwelt' werden in allen Ausstellungsbereichen des Museums abgehandelt.

Ein kulturübergreifendes Thema wie ‚Essen und Trinken' bietet sich beispielsweise als eine von zahlreichen Arbeitsgrundlagen an, die Materie interdisziplinär aus unterschiedlichen Blickwinkeln zu beleuchten. Dabei steht die Herangehensweise und Bearbeitung den Teilnehmern frei – je nach individueller Veranlagung mehr theoretisch oder mehr praktisch orientiert.

SENSIBILISIERUNG FÜR KULTURGUT...

Im Überseemuseum werden die Projektteilnehmer ausgerüstet mit dem Handwerkszeug der Museumsfachleute, erhalten Kenntnisse über das Anlegen von Sammlungen, Archivieren/ Bewahren, Dokumentieren und begeben sich - ausgehend von den Ausstellungen und selbst gewählten Objekten - zunächst auf Feldforschung in ihrem eigenen Umfeld, um eigene Themenbereiche zu bearbeiten.

... UND FÜR DAS EIGENE KULTURELLE UMFELD

Ähnlich wie die Wissenschaftler im Museum werden die Jugendlichen zu Forschern in eigener Sache und in ihrer eigenen Lebenswelt. Hier bieten sich vielerlei Räume an: die eigene Wohnung, der Wohnblock, die Schule, der Stadtteil, der Herkunftsort, virtuelle Räume oder Orte der Freizeitgestaltung. Die Teilnehmer legen eigene reale oder virtuelle Sammlungen über ihr Untersuchungsfeld an und treffen eine Auswahl von Gegenständen und/ oder Dokumenten, die sie präsentieren möchten. Dazu bieten sich an: Schriftstücke, Fotos, Filme, Tondokumente (z.B. Mitschnitte, Interviews, Musik). Bei der Auswahl der Gegenstände für ihre persön-

lichen Sammlungen entwickeln sie eigene Kriterien für die Zusammenstellungen. So entstehen neue Sichtweisen auf die Dinge des Lebens.

Heranführung an Kunst und kreative Ausdrucksformen

Erfahrungen in der Arbeit mit jugendlichen Besuchern im Museum zeigen, dass besonders künstlerische Aktivitäten als attraktive Arbeits- und Ausdrucksformen favorisiert werden. Sie vermitteln den Jugendlichen ein eigenes Selbstwertgefühl und ein nachhaltiges Erlebnis. Unser Projekt soll diese Erfahrungen fortführen und erweitern.

Ein Team von Fachleuten aus künstlerisch kreativen Arbeitsfeldern (Medien-/Design, Malerei und Grafik, Musik, Theater, Literatur) steht dazu zur Verfügung, um die Jugendlichen anzuleiten und zu begleiten, ihre Ergebnisse gestalterisch zum Ausdruck zu bringen. Mögliche Präsentationsformen können beispielsweise eine eigene Ausstellung, Aufführungen, multimediale Präsentationen oder eine eigene Homepageseite im Internet sein. Auf diese Art und Weise dokumentieren die Jugendlichen die Themen, die sie in ihrer Altersgruppe am stärksten interessieren.

Zeitplan
Projektablauf (Beginn Ende 2004 – Abschluss Ende 2007)

Der Projektablauf berücksichtigt die individuellen Bedürfnisse der Schulen oder außerschulischen Einrichtungen und kann unterschiedlich gestaltet werden. Es werden verschiedene Modulbausteine angeboten, wobei sich Laufzeiten und die wöchentliche Intensität variabel gestalten.

Die Projekte können mit oder unabhängig vom Schulpersonal mit dem Projektteam durchgeführt werden und stellen somit für viele Schulen eine Bereicherung dar.

- **Vorphase (6 Monate)**

In der Startphase wird das Projekt an allen Bremer Schulen und Jugendfreizeiteinrichtungen für die Altersstufe 14 bis 20 Jahre ausgeschrieben. Es werden Teams von Museumsfachleuten, interkulturellen Trainern und beteiligten Künstlern zusammengestellt, welche die Gruppen begleiten. Sobald eine Auswahl von Schulen/ Gruppen getroffen ist, beginnen die Teams mit der Schulung der Multiplikatoren in der Schul- und Jugendarbeit.

Mitmachen können in jedem Jahr jeweils 20 Gruppen mit jeweils 40 Projektstunden. Das Projekt findet in zwei aufeinander folgenden Jahren statt und wird somit für 40 Gruppen angeboten.

- **PROJEKTPHASE (1. UND 2. JAHR)**

Zu Beginn steht die Arbeit mit den Jugendlichen und Fachteams im Museum, um das Spektrum der Thematik zu veranschaulichen, während im weiteren Verlauf die Findung eines eigenen Forschungsansatzes im Vordergrund steht. Sodann startet die eigene Recherche, entweder im eigenen Umfeld (Familie, Nachbarschaft etc.) oder in öffentlichen Einrichtungen (Bibliotheken, Archiven oder Behörden). Die Jugendlichen werden bei der Zusammenstellung und Auswertung der Objektsammlungen und Dokumente beraten. Außerdem wird dem Dialog, der Kommunikation und Interaktion der Jugendlichen untereinander breiten Raum gegeben.

Es folgt die Arbeit der Teams mit den Jugendlichen zur gestalterischen Umsetzung der Ergebnisse. Zum Abschluss der Projekte findet eine Präsentation der Ergebnisse und des Projektablaufs, der von den Jugendlichen selbst in Wort und Bild dokumentiert wird, im Museum statt. Die Projektarbeit wird in kreativer Form der Öffentlichkeit vorgestellt, z.B. als Ausstellung, Filmdokumentation, Tanz- oder Musikaufführung.

Ein ‚Überseemuseums-Award der Jugend' wird zum Ende jedes Projekthalbjahres für Gruppen- oder Einzelarbeiten ausgeschrieben und prämiert. Eine Jury aus unabhängigen Vertretern von Jugendlichen, Lehrern und Personen aus unterschiedlichen Kultureinrichtungen ermittelt den Preisträger. Zum Ende der jeweiligen Projektphase werden Jugendliche als Tutoren für die weitere Arbeit mit Kindern und Jugendlichen am Museum angesprochen und geschult. Parallel zur 1. Projektphase läuft die 2. Vorphase an, sodass sich die Gesamtlänge der Projektdurchführung auf zwei Jahre beläuft.

Aktueller Stand

FIES startete im September 2005 mit neun Projektgruppen und arbeitete im zweiten Durchlauf seit Februar 2006 mit fünf weiteren Gruppen, die von sieben Künstlern begleitet wurden. Bis zum Juli 2006 haben sich 320 Jugendliche an dem Projekt beteiligt.

Projektgruppen 2005/2006, 1. Halbjahr
(Altersgruppen, Thema, Klasse, Präsentationsform)

ALTERSGRUPPE 1 (14 – 17 JAHRE)

Musik und Instrumente (mit Auszeichnung)
SZ Findorff, Klasse 8a
Fotos, Texte, Projekttagebuch, Musik-Tagebücher, Cross-over Musik

Schriften und Symbole
SZ Findorff, Klasse 8b
Legespiel „Eigene und fremde Symbole",
Fotodokumentation, eigene Sammlungsobjekte mit Sammlungsmappe

Feste und Feiern
IS Johann-Heinrich-Pestalozzi, Klasse 9b
· Film, Projekt- und Festkalender der Kulturen

ALTERSGRUPPE 2 (17 – 22 JAHRE)

Wohnen (mit Auszeichnung)
SZ Lehmhorster Straße, Klasse 10f
Ausstellungsmodul zu den Themen Architektur, Menschenwürde, Familie, Filme, Foto-Ausstellung

Sport
SZ Utbremen, DQM 03
Website-Vorführung, Installation, Foto-/ Textdokumentation

Körperschmuck
BRAS e.V., Jugendprojekt MAX
Fotoausstellung, Schminkstand, Dokumentation

Werte
SZ Lehmhorster Straße, Klasse 10e
Theaterszenen zu den Themen Religion, Geld, Kleidung, Tod,
Kostüme, Film-/ Fotoinstallation

Jung und Alt
BRAS e.V., Frauenprojekt BERTA
Hörstation mit Interviews, Collagen, Leporello als Dokumentation,
Arbeitsmappen, Postkarten

Bewegung und Tanz
SZ Findorff, Klasse 10b
Tanzperformance Bauchtanz und Hiphop, Foto-/ Filmdokumentation,
Broschüre

PROJEKTGRUPPEN 2005/2006, 2. HALBJAHR

ALTERSGRUPPE 1 (14 – 17 JAHRE)

Kinderwelten – Draußen spielen und arbeiten
(mit Auszeichnung)
SZ Findorff, Klasse 8i
Film, Ausstellung, Foto-Dokumentation

Verliebt sein in anderen Kulturen
Wilhelm-Kaisen-Schule, Klasse 9s
Performance, Fotos, Texte

Familie in Japan
SZ Lerchenstraße, Klasse 8s
Film, Theaterstück, Ausstellung, Web-Dokumentation

ALTERSGRUPPE 2 (17 – 22 JAHRE)

Kochbuch der Kontinente (mit Auszeichnung)
Hermann-Böse-Gymnasium, freie Gruppe
Buch, Video- und Webdokumentation

Wie entwickelt ist China? (mit Auszeichnung)
SZ Walle, Geo-Leistungskurs 12
Website

Seit September 2006 arbeiten weitere fünf Gruppen im Überseemuseum, die ihre Ergebnisse im Januar 2007 dem Publikum präsentieren werden:

PROJEKTGRUPPEN 2006/2007, 1. HALBJAHR

ALTERSGRUPPE 1 (14 – 17 JAHRE)

Jugendliche und ihre Welt
Wilhelm-Kaisen-Schule, Klasse 9s
Theaterperformance
Rhythmus und Tanz
SZ Findorff, Klasse 8a
Tanzaufführung

ALTERSGRUPPE 2 (17 – 22 JAHRE)

Migrationserfahrungen
Start-Stipendiaten (Senator für Bildung)
Website

Bräute in aller Welt
Wilhelm-Wagenfeld-Schule, B/BFS
Videofilm

Hochzeiten
SZ Schaumburger Straße, Klasse 10a
Videofilm

Bis zum Sommer 2007 wird ein weiterer Projektdurchlauf erfolgen.

ABSCHLUSSPHASE AB SOMMER 2007 (6 MONATE)

Auswertung, Dokumentation und Veröffentlichung der Gesamtergebnisse
Verbreitung der Ergebnisse auf Tagungen und Symposien.

NACHHALTIGKEIT

Teamleiter, Künstler, Lehrer und Betreuer der Gruppen erlernen in Fortbildungen Methoden für den Umgang mit interkulturellen Gruppen und eignen sich interkulturelle Kompetenz an. Sie erhalten eine inhaltliche Einführung in das Thema und lernen interdisziplinär zusammenzuarbeiten. Diese Trainingseinheiten erfolgen in Kooperation mit dem „Bremer Netzwerk Interkulturelle Kompetenz und berufliche Bildung – BRIKO", dessen Arbeit sich auf das Konzept ‚Eine Welt der Vielfalt' bezieht.

Die Ergebnisse aller Jugendprojekte sind auf einer Homepage (www.uebersee-museum.de/fies) des Projektes ins Internet gestellt und bieten so Beispiele für Multiplikatoren, eigene Projekte zu inszenieren oder die Möglichkeit für Jugendliche, sich auszutauschen. Für diese technische und gestalterische Umsetzung der Homepage steht ein Fachmann zur Seite. Ergebnisse der Projektgruppen werden in Form einer eigenen Ausstellung, Zeitung oder Aufführung einer möglichst breiten Öffentlichkeit zugänglich gemacht.

Ein weiteres Ziel des Projektes ist es, unter den beteiligten Jugendlichen Multiplikatoren zu finden und sie zu Tutoren auszubilden, die eigene Projekte mit Kindern und Jugendlichen am Museum durchführen.

In Kooperation mit der Universität Bremen, Fachbereich Kulturwissenschaften, wird unter der Leitung von Prof. Dr. Maya Nadig begleitend ein Evaluationsvorhaben durchgeführt. Zur nachhaltigen Verbreitung der Projektgedanken und -ergebnisse wurden bisher bei zahlreichen Institutionen und Tagungen Vorträge gehalten.

BEISPIELHAFT

I. Das Projekt ‚Bewegung und Tanz'
SZ Findorff Bremen, Klasse 10b
1. Schulhalbjahr 2005/06

Zu Beginn des Projektes besuchte die Museumspädagogin die Schüler in der Schule mit einem Koffer von Alltagsgegenständen und naturkundlichen Exponaten aus unterschiedlichen Ländern. Jeder Schüler hatte zudem einen eigenen für ihn bedeutenden Gegenstand mitgebracht. In dieser Projekteinheit ging es um die Heranführung der Jugendlichen an das Thema ‚Sammeln' mit seinen unterschiedlichen Facetten und gleichzeitig um eine Annäherung an ein für die Jugendlichen interessantes Thema. Bei der Besprechung der Objekte wurde deutlich, welche Aussagen sich über Material, Herkunft, Farbe und Zuordnungen zu Oberbegriffen machen lassen. Die Beschreibung des persönlichen Exponats im Perspektivwechsel (1. Person) ermöglichte Zugänge zu sehr individuellen Aussagen der Schüler.

Beim nächsten Treffen im Museum konnten die Jugendlichen zu ausgewählten Themen die einzelnen Ausstellungsbereiche anhand der verschiedenen Informationsquellen des Museums selbsttätig erforschen. Dazu gehörten: Texte, Hörstationen, Monitore, Exponate, Bilder, Fotografien. Anschließend präsentierten die Gruppen ihre Ergebnisse. Hinsichtlich des zu bearbeitenden Themas wurde von den Jugendlichen eine erste Auswahl getroffen. Sie entschieden sich für die Bearbeitung des Themas Tanz und Bewegung als Verständigungsmöglichkeiten ohne Sprache, einschließlich der Aspekte Körpersprache und Rituale. Eine Gruppe beschäftigte sich mit der Frage, welche Bedeutungen Gestik und Mimik haben, wenn sich Menschen treffen. Eine zweite Gruppe untersuchte, welche Rituale den Menschen, auch in anderen Kulturen, wichtig sind. Von nun an startete die Zusammenarbeit mit einer Tanzpädagogin, die im Team mit der Museumspädagogin die inhaltliche und praktische Arbeit zur Thematik Körpersprache und Rituale fortsetzte. Die Schüler arbeiteten zu den Begrifflichkeiten assoziativ:

RITUAL

Beten, Taufen, Beerdigungen, Hochzeit, Geburtstag, Händeschütteln, Begrüßung, Schuhe ausziehen bevor ein Moslem die Moschee betritt, usw. und Körpersprache:

MIMIK, GESTIK, KÖRPERHALTUNG

Im praktischen Teil wurden verschiedene Formen aus der Bewegungslehre (Übungen zur Körperkoordination) mit den Schülern eingeübt. Dazu recherchierte die Klasse auf dem naheliegenden Hauptbahnhof weiter. Als Aufgabe sollten Menschen bei ihren Alltagsbeschäftigungen (Körpersprache und Rituale) studiert und diese Bewegungen dann vor der Gruppe dargestellt werden. In einem weiteren Schritt wurden dazu Dreiergruppen gebildet und die verschiedenen Bewegungen verändert, zum Beispiel verkleinert oder vergrößert, schneller oder langsamer vorgeführt. Abschließend konnten sich die Jugendlichen als Forschungsauftrag eine Statue aus dem Ausstellungsbereich des Überseemuseums aussuchen, zu der beim nächsten Treffen einige Bewegungsstudien bearbeitet werden sollen.

Die Jugendlichen besuchten zur weiteren Recherche über die angestrebten Präsentationsformen Hip-Hop und Bauchtanz das Tanzfilminstitut in Bremen, wo ihnen eine lokale Expertin aus der Bremer Hip-Hop Szene einen Film zeigte und detailliert Informationen gab. In der weiteren Arbeit im Museum wechselten sich praktische Bewegungsarbeit und inhaltliche Bearbeitung des Themas ab. Die Schüler bearbeiteten eigene Forschungsfragen zu den beiden

Präsentationsthemen Bauchtanz und Hip-Hop. In einer anschließenden Gegenüberstellung präsentierten die Mitglieder der Hip-Hop- sowie der Bauchtanz-Gruppe ihr Ergebnis.

Ergebnisse

Das Bauchtanz – Ritual:
Warum tanzt man ohne Schuhe? Welche Bedeutung hat die Kleidung (Schmuck, Tücher)? Woher kommt Bauchtanz? usw.

Hip-Hop – Körpersprache:
Was war die Ursache für Hip-Hop? Worüber rappen die Hip-Hopper? Was bedeuten die Gestiken im Hip-Hop? Welche Rolle spielen Frauen im Hip-Hop? Was macht Hip-Hop-Musik zu Hip-Hop-Musik? Wer kam auf die Idee, Streit im Tanz zu lösen? usw.

Einzelne Bewegungsabläufe wurden einstudiert, hier flossen auch die bisher im Projektverlauf gesammelten Erfahrungen mit ein (Tanzfilminstitut, Recherche zu Hip-Hop und Bauchtanz, Beobachtung von Alltagsszenen der Mitmenschen wie zum Beispiel am Bahnhof, Tanzübungen). Erste Texte zu den beiden Präsentationsthemen Hip-Hop und Bauchtanz für die Präsentation wurden an den PCs bearbeitet. Darüber hinaus beschäftigten sich einige Schüler mit der ebenfalls erforderlichen Dokumentation des gesamten Projektverlaufes. Dazu wurden Fotos gesichtet und Texte geschrieben.

Aus der Vielzahl von Text/Foto-Seiten ergab sich eine Dokumentationsmappe, für die ein einheitliches Layout festgelegt wurde. Für eine begleitende Fotoausstellung wurden passende Bilderrahmen aus dem Überseemuseum bereitgestellt, Bilderpappen zugeschnitten, die Rahmen und Glasflächen gesäubert und mit den ausgewählten Fotoabzügen versehen. Eine Kleingruppe sichtete und schnitt am Computer das vorhandene Videomaterial aus den Projektstunden. Mit dem Programm Movie Maker unter Windows XP erstellten die Schüler einen Film über ihren Projektverlauf sowie über die Arbeit der beiden Tanzgruppen. Am Präsentationstag zeigten die Jugendlichen am Dokumentationsstand ihre Dokumentationsmappe und die Fotoausstellung.

Die Schüler führten außerdem die Tanzperformance bestehend aus einer Bauchtanz- und einer Hip-Hop-Darbietung auf, die vom Publikum (Museumsbesucher, eingeladene Mitschüler und Lehrer der Schulen, sowie Eltern) begeistert aufgenommen wurde. Im Wettbewerb in der Kategorie 17 bis 20 Jahre entschied sich die Jury, die Projektleistung und -umsetzung der Klasse 10b mit einem Kulturgutschein im Werte von 300 € zu würdigen. Außerdem erhielten die Schüler Urkunden und eine Tasse mit dem Projekt-Logo.

II. Das Projekt ‚Kochbuch der Kontinente - Jugend kocht international'
Hermann-Böse-Gymnasium Bremen, freie Gruppe Jugendliche,
2. Schulhalbjahr 2005/06

Auf die Bewerbung des Fies-Projekts in den Schulen meldete sich eine Gruppe von 8 Jugendlichen im Alter von 17-18 Jahren, die in ihrer Freizeit regelmäßig gemeinsam etwas unternehmen. Die Gruppe bestand aus Schülern mit Wurzeln in China, Sri Lanka, Deutschland, Iran, Österreich und Afghanistan. Alle Beteiligten kannten von Haus aus besondere Essgewohnheiten, Rezepte oder Essregeln am Tisch. Essen war für jeden auch Identität stiftend. Die Entscheidung der Jugendlichen für das Thema Essen und Trinken begründeten diese damit, dass sie selber sehr viel Spaß daran hätten, gemeinsam zu kochen und zu essen.

Das Projekt startete mit einer Einführung in das Thema ‚Sammeln'. Ein Museumskoffer mit Exponaten aus unterschiedlichen Kulturen und Naturregionen wurde ausgepackt, die Objekte unter einem Sari versteckt und von den Teilnehmern zunächst nur ertastet. Erste Vermutungen über das Material oder die mögliche Funktion der Objekte sollten taktile Erfahrungen ermöglichen und von schon bekannten Denk- oder Erkenntnismustern wegführen. Anschließend wurden die Objekte bestimmt, Aussagen notiert und Zuordnungen geschaffen. In den Ausstellungen des Museums recherchierten die Schüler zu ihrem selbst gewählten Thema und berichteten anschließend, welche unterschiedlichen Arten von Informationen sie gefunden hatten. In der Ozeanienausstellung erhielten sie Erklärungen über Landkarten, Computerstationen, Videofilme oder Hör- und Riechstationen. In der Asienabteilung gab es reichlich Exponate, Bilder und Nachbildungen, Dioramen, sowie Tast- und Riechstationen.

Es wurde herausgearbeitet, welche Quellen (Bücher, Fotos, Schriftstücke, Land- und Postkarten, Interviews, Expertenbefragungen etc.) man zum Forschen an einem Thema außerdem nutzen kann. Bei einer intensiveren Besprechung der Themenvielfalt ‚Essen und Trinken' entschied sich die Gruppe für ein illustriertes Kochbuch für Jugendliche. Das Buch sollte einfache Rezepte zum Nachkochen enthalten und die Bedeutung von Essen und Trinken sowie deren ländertypische Zutaten thematisieren. Besonderheiten einzelner Gerichte sollten herausgestellt und die Essgewohnheiten unterschiedlicher Kulturen, die Kochgeräte, Zutaten und Jahres-, Tages- und Uhrzeiten der Mahlzeiten hervorgehoben werden. Ihr Buch sollte eine Menüfolge zum Nachkochen bieten. Das Besondere an diesem Kochbuch ist der biographische Ansatz: die Jugendlichen stellen sich mit ihren kulinarischen Vorlieben vor, wobei ein spannender Mix verschiedener kultureller Einflüsse entsteht.

Die Schüler haben sich regelmäßig neben den Treffen im Museum privat getroffen, um zum Beispiel asiatisch zu kochen. In Anlehnung an die chinesischen Wurzeln der Mitschülerin Bao gab es zum Beispiel Wantanbrühe als Vorspeise, gebratene Nudeln mit Ente ließen sie sich als Hauptspeise schmecken. Zum Nachtisch gab es karamellisierte Walnüsse. Das Menü hatten die Schüler selbst zusammengestellt.

Anregungen holte man sich aus Kochbüchern der Stadtbibliothek in Bremen oder bei den Eltern. Sie erzählten reihum von ihren Kocherlebnissen. Die folgenden Treffen, bei denen sie kochten und aßen, fotografierten und filmten, fanden privat bei den Jugendlichen statt. Sie recherchierten selbständig zu Essritualen, Kochutensilien, Grundnahrungsmitteln der unterschiedlichen

Kulturen und Rezepten, befragten Eltern, Verwandte und Restaurantbesitzer nach Essgewohnheiten und Vorschriften und fotografierten in Asia-Shops, afrikanischen und persischen Spezialitätengeschäften.

Für die Präsentation ihrer Projektarbeit entschieden sich die Jugendlichen für ein ‚Kochbuch der Kontinente. Jugend kocht international'. Das Buch sollte nach einigen Überlegungen nun pro Region eine geographische Karte mit Angaben zu Klima und Vegetation, Menüs, Essgewohnheiten und Anlässe beschreiben,  bei denen gekocht wird, Getränke, Fotos und Texte mit biographischer Note beinhalten. Außerdem sollten Zeichnungen von Exponaten aus den Ausstellungen hinzugefügt werden. Bei der graphischen Arbeit wurden die Jugendlichen von einer Graphik-Designerin unterstützt. Gemeinsam wurde ein Layout entworfen. Die Jugendlichen wurden motiviert, auch Eigenes und Individuelles in das Buch einzubringen anstatt die Illustrationen auf eingescannte Fotos zu beschränken. Sie zeichneten im Museum ausgewählte Objekte, die sich auf die Kapitel des Buches bezogen.

Am Beispiel eines schon abgeschlossenen Buchprojektes wurden Aufzeichnungen und Sammlungen von Bildern und Schriften geordnet und den Schülern gezeigt, wie anspruchsvoll eine Recherchearbeit bis zum Endprodukt sein muss. Die Jugendlichen eigneten sich Kenntnisse an über  Formate, Bindungen, Schrifttypen, Druckverfahren, Papierarten, Kapitel-/ Text- und Bildaufteilungen usw. Eine Sammlung der Schülerarbeiten existiert auf der Website www.fies06-essenundtrinken.de.vu, die eine Projektteilnehmerin für ihre Mitschüler eingerichtet hatte. Diese Seite sollte auch am Präsentationstag zur Veranschaulichung des Projektverlaufs präsentiert werden. Bei einer Begehung der Ausstellungsfläche, die am Präsentationstag den Gruppen zur Verfügung stand, entschied sich die Gruppe für die Präsentation ihrer Internetseite, den Filmen von den Kochabenden über Monitor und PC. Außerdem sollten ein Tisch für das Kochbuch, Stellwände für die Darstellung ihres Projektes und eine Vitrine mit Exponaten zum Thema Essen und Trinken aufgestellt werden. Die Jugendlichen gestalteten das Kochbuch am PC. Es wurden zusätzlich individuelle Berichte, Ornamente zu den Länderrubriken, Schriftzüge mit Begrüßungsformeln und Essenswünsche in landestypischer Sprache und Schrift eingefügt, einige Exemplare des Kochbuchs ausgedruckt und mit Spiralbindung versehen.

KONTAKT
Anka Bolduan
ÜberseemuseumBremen
E-Mail: a.bolduan@uebersee-museum.de
WEB: www.uebersee-museum.de/fies

MIRIAM COHN

JUGENDLICHEN EINE PLATTFORM GEBEN: DAS PROJEKT „URBAN ISLAM MEDIAL" AM MUSEUM DER KULTUREN BASEL

Das Projekt Urban Islam Medial war Teil der von Januar bis September 2006 gezeigten Sonderausstellung „Urban Islam. Zwischen Handy und Koran" am Museum der Kulturen Basel. Im Projekt setzten sich Schulklassen mit Jugendlichen zwischen 14 und 20 Jahren mit der Ausstellung und den Themen Islam und Religion auseinander und erarbeiteten begleitet von Medienpädagoginnen und Medienpädagogen eigene Film-, Audio- und Fotobeiträge, welche anschliessend als eigenes Ausstellungselement präsentiert wurden.

Mit dem Projekt wurde Jugendlichen eine Plattform geboten für ihre Auseinandersetzung, ihre Meinungen, Anliegen und Fragen zum Thema Islam. Dadurch sollte einerseits eine neue Perspektive auf das Thema gezeigt werden, gleichzeitig ging es darum, eine Vielfalt von Meinungen zum Islam einzufangen. Mit dem Projekt wurde Jugendlichen als spezifischer Zielgruppe Rechnung getan, gleichzeitig verfolgte das Projekt verschiedene inhaltliche und didaktische Ziele, insbesondere das Durchbrechen von Stereotypen, das Fördern von Respekt sowie von Diskussions- und Kommunikationskompetenzen.

1. DER KONTEXT DES PROJEKTS: DIE AUSSTELLUNG „URBAN ISLAM. ZWISCHEN HANDY UND KORAN"

Die Ausstellung „Urban Islam" wurde am Tropenmuseum KIT in Amsterdam entwickelt und 2004 dort gezeigt. Das Museum der Kulturen Basel übernahm und adaptierte sie. Ausschlaggebend dafür waren der Zugang zum Thema Islam durch die Ausstellung und die Aktualität des Themas, ist der Islam doch seit Jahren in den Medien präsent. Zudem hatte die Ausstellung „Feste im Licht. Religiöse Vielfalt in einer Stadt" (s. Fierz, diese Publikation) deutlich gemacht, dass seitens der Besucherinnen und Besucher ein grosses Interesse an religiösen Themen besteht.

Die beiden holländischen Kuratorinnen Mirjam Shatanawi und Deniz Unsal wählten einen partizipativen und subjektiven Zugang zum Thema Islam und situierten dieses in einem holländischen Kontext: Nebst einer Einführung in einige grundlegende Prinzipien des Islams wurden je ein Teil zu den Städten Amsterdam, Istanbul (Türkei), Marrakesch (Marokko), Paramaribo (Surinam) und Dakar (Senegal) gezeigt. Dabei repräsentierten die Städte Istanbul, Marrakesch und Paramaribo diejenigen drei Länder, aus welchen die meisten Muslime in den Niederlanden stammen. Für diese drei Städte sowie für Dakar wurde je eine Person ausgewählt – zweimal eine junge Frau, zweimal ein junger Mann – die in diesem Teil ihre ganz persönliche Geschichte erzählen, dabei aber typische Themen zum Islam aus ihrem jeweiligen städtischen Kontext aufgreifen. So beschäftigt sich zum Beispiel Ferhat aus Istanbul mit der Trennung von Staat und Religion in der säkularisierten Republik Türkei und Hanane aus Marrakesch setzt sich mit verschiedenen islamischen Lebensstilen in ihrer Stadt auseinander. Eingeführt wurden die vier Personen und ihre Geschichten durch ein filmisches Porträt; vertieft wurden Aspekte der Geschichte im Ausstellungsteil durch weitere Filme, Audios, Requisiten und Collagewände. Im letzten Teil ‚Amsterdam' wurde die Debatte über den Islam in den Niederlanden thematisiert, indem die Besucherinnen und Besucher aufgefordert wurden, selbst Stellung zu beziehen und sich einer Aussage aus einem Film mit Statements von 18 Personen anzuschliessen.

Mit der Ausstellung verfolgten die beiden Kuratorinnen verschiedene Ziele: Die Ausstellung zeigt durch das gewählte Vorgehen, dass sowohl der kulturelle, soziale und politische Kontext als auch persönliche Entscheidungen beeinflussen, wie eine Person ihre Religion praktiziert. Dadurch möchte die Ausstellung über ein stereotypes, vereinfachendes Islambild hinausgehen und die Ansichten der Besucherinnen und Besucher über den Islam erweitern.

Gerade auch durch den bewussten Einsatz von Medien wie Fernsehen, Nachrichtensendungen, Modemagazine, Zeitungen, etc. versucht die Ausstellung zudem diesbezüglich zu sensibilisieren, über welche Kanäle Informationen über den Islam erhalten und welche Islambilder durch Medien generiert werden[1].

Den Besucherinnen und Besuchern der Ausstellung kam also eine sehr aktive Rolle zu: Nicht nur mussten sie ihre Erkenntnisse aus der Ausstellung durch die Art der Präsentation weitgehend selbst konstruieren, sondern sie wurden auch dazu aufgefordert, selbst Stellung zu beziehen.

---

[1] Shatanawi & Ünsal 2004

Als eine Hauptzielgruppe der Ausstellung wurden junge Muslime und andere Jugendliche angesprochen. Aus diesem Grund waren junge Protagonisten und ihre Alltagsthemen gewählt worden. Bei der Übernahme der Ausstellung nach Basel wurde diese Zielgruppe ebenfalls berücksichtigt.

2. ADAPTION DER AUSSTELLUNG: DER SCHWEIZER TEIL

In Basel wurde die Ausstellung unter dem Titel „Urban Islam. Zwischen Handy und Koran" vom 25. Januar bis 17. September 2006 gezeigt. Dabei wurde der Amsterdamer Teil durch einen neuen Teil ‚Schweiz' ersetzt. Das Thema dieses Teils lautete „Schweiz: Der Umgang mit Meinungen zum Islam", wobei die gesamtgesellschaftliche Auseinandersetzung um den Islam in der Schweiz im Mittelpunkt stand. Dabei wurden zwei unterschiedliche Diskurse dargestellt: Eine Collagewand zeigte verschiedene Schlagzeilen von schweizerischen Printmedien, die sich mit dem Islam in der Schweiz auseinandersetzen. Dabei handelte es sich um einen öffentlichen, politischen Diskurs, der jeweils von einer nicht-muslimischen Bevölkerungsgruppe initiiert wird. Im Gegensatz dazu zeigte der von Alain Godet für die Ausstellung produzierte Film „Zwischen Handy und Koran" sechs Musliminnen und Muslime aus der Schweiz. Dieser im Film aufgezeigte Diskurs ist persönlich, da er eigene Meinungen und Erfahrungen der sechs Protagonistinnen und Protagonisten in Bezug auf die Religion, das Praktizieren des Glaubens und das Leben des Islams in der Schweiz aufzeigt. Da die sechs portraitierten Personen sechs unterschiedliche Positionen vertreten, steht der Film für Diskussionen, die innerhalb der muslimischen Gemeinschaften in der Schweiz geführt werden – auch in der Schweiz sind Muslime eine heterogene Gruppe[2].

Da in der Alltagspraxis diese beiden Diskurse häufig aufeinander stoßen und miteinander vermischt werden, haben wir einen Weg gesucht, dies auch in der Ausstellung greifbar zu machen. Diese Aufgabe fiel dem Projekt „Urban Islam Medial" zu. Zudem befand sich im Schweizer Teil eine treppenartige Tribüne, die für Diskussionen bei Führungen und Podiumsgesprächen benutzt werden konnte, um auch auf diese Weise den Schweizer Teil zum Raum der Diskussion zu machen.

---

[2] Eidgenössische Ausländerkomission EKA 2005.

3. DAS PROJEKT URBAN ISLAM MEDIAL

Schweizer Teil: Ein Teil der Tribüne, Film von Alain Godet und Monitor für Beiträge der Jugendlichen (Foto: Markus Gruber)

Das Projekt Urban Islam Medial wurde gemeinsam von Gaby Fierz, der Leiterin der Abteilung Bildung und Vermittlung, mir als wissenschaftlicher Mitarbeiterin an der Ausstellung und der Medien Falle Basel, einem medienpädagogischen Unternehmen mit viel Erfahrung in der Arbeit mit Schulklassen, entwickelt.

Im Projekt besuchten Schulklassen ab dem 8. Schuljahr während vier Lektionen die Ausstellung. Die Schülerinnen und Schüler erhielten einen Input in die Thematik durch die Ausstellung und drei Portraits aus dem Film von Alain Godet; daraufhin wurden die Klassen in drei Gruppen geteilt, wobei je eine Gruppe einen Video-, einen Audio- und einen Fotobeitrag erstellte. Begleitet von einer Medienpädagogin oder einem Medienpädagogen diskutierten die Jugendlichen in der Gruppe, zu welchem Thema sie einen Beitrag erstellen, welche Meinung sie repräsentieren und wie sie vorgehen wollten. Darauf begannen sie mit der Umsetzung ihrer Idee. In der letzten halben Stunde des Workshops wurde dieser abschließend diskutiert und die Jugendlichen stellten sich in der Ausstellung auf der Leinwand des Alain Godet Films gegenseitig ihre Beiträge vor.

Die Workshops waren in drei Sets organisiert, die zwischen Februar und Ende Juni stattfanden. Jeweils am Ende eines Sets von Workshops wurden sämtlichen Beiträge den bisherigen dazugefügt und auf DVD gebrannt, die an zwei Monitoren im Schweizer Teil in einer Endlosschlaufe liefen. Die Beiträge der Jugendlichen wurden auf diese Weise zu einem festen Bestandteil der Ausstellung. Ausserdem wurden sie in die Homepage zur Ausstellung www.urbanislam.ch integriert. Ebenfalls am Ende eines Sets fand eine öffentliche Veranstaltung statt, wo die Mitarbeiterinnen und Mitarbeiter der Medien-Falle die Arbeiten der Jugendlichen präsentierten und die Jugendlichen dazu eingeladen waren, als Podiumsgäste oder Publikum die Beiträge mitzukommentieren oder mit zu diskutieren.

Durch das Projekt wird also der Ansatz der holländischen Kuratorinnen, den Besucherinnen und Besuchern der Ausstellung eine aktive Rolle zuzuschreiben aufgenommen und vertieft: Es fanden lebendige Auseinandersetzungen in der Ausstellung statt, die zudem materialisiert und somit zu einem ständig wachsenden eigenem Objekt der Ausstellung wurden.

4. ZIELE DES PROJEKTS

Ausgangspunkte des Projekts waren die Überlegungen, dass in einem Ausstellungsteil zur Meinungsvielfalt auch eine Vielzahl von Stimmen repräsentiert sein sollte und dass eine Ausstellung, die sich bewusst an ein junges Publikum richtet, diese Zielgruppe auch mit einbeziehen sollte. Dabei sollte nicht einfach ein pädagogisches Begleitprojekt entstehen, sondern wir gingen von einer engen Kopplung von Vermittlung und Ausstellung aus. Daraus ließen sich verschiedene Ziele für das Projekt ableiten:

Erstens sollte durch das Projekt eine Brücke zwischen den beiden oben beschriebenen Diskursen geschlagen und eine Vielfalt von Meinungen in den Schweizer Ausstellungsteil eingebracht werden, der sich ja mit der Meinungsvielfalt zum Thema Islam auseinandersetzt.

Dass dieser Brückenschlag durch Jugendliche geschieht, war uns wichtig: Muslime in der Schweiz sind eine junge Bevölkerungsgruppe, fast 50% der in der Schweiz lebenden Muslime sind jünger als 25 (Eidgenössiche Ausländerkommission EKA 2005). Das heißt, dass für junge Menschen in der Schweiz das Thema Islam generell eine andere und unter Umständen auch größere Bedeutung hat als für ältere Altersgruppen. Vor allem nehmen soziale Fragen und Themen einen größeren Platz ein. Mit Urban Islam Medial sollte dieser Aspekt in die Ausstellung eingebracht werden.

Zweitens sollte ein spezielles Projekt für Jugendliche angeboten werden, da die Ausstellung sich explizit an ein junges Publikum wandte. Im Ausstellungsprojekt „Feste im Licht" haben wir festgestellt, dass viele Migrantinnen und Migranten den Weg ins Museum gefunden haben, weil ihre Feste dargestellt und Bekannte, die eigenen religiösen Gemeinschaften oder Kulturvereine in das Projekt einbezogen waren[3]. Auch in Urban Islam Medial sollte über Partizipation eine neue Zielgruppe einbezogen und angesprochen werden, indem Jugendliche eine Plattform erhielten, ihre Fragen, Meinungen und Wünsche zum Thema Islam öffentlich zu präsentieren.

Von der Seite der Vermittlung aus gesehen war ein drittes Anliegen des Projekts, bei den Jugendlichen Impulse für einen kritischen und vertieften Umgang mit den Themen Religion und Respekt zu setzen. Stereotype sollten aufgebrochen und Islambilder hinterfragt werden. Dabei spielte die Arbeit mit Medien eine wichtige Rolle. Einerseits bot sie für die Jugendlichen einen lustvollen Zugang zu einem schwierigen Thema. Gleichzeitig sind Vorstellungen über den Islam stark von den Medien mitgestaltet. Indem die Jugendlichen eigene mediale Beiträge zum Thema verfassten, sollte ein Impuls für einen kritischen Umgang mit Medien und Medienbildern gesetzt werden.

Weiter wurden verschiedene personale Ressourcen im Bereich der Kommunikation und des Selbstkonzepts gefördert, indem die Jugendlichen dazu aufgefordert wurden, ihre eigenen Meinungen zu äußern und diese als Teil der Ausstellung und in einer Präsentation öffentlich zu zeigen. Ziele des Workshops waren deshalb auch die Stärkung des Selbstbewusstseins und des Muts zur eigenen Meinung, die Förderung der Debattier- und Diskussionskompetenz, der Auseinandersetzung mit der eigenen Identität sowie des Respekts gegenüber anderen Religionen und Lebensweisen.

---

[3] Siehe auch Fierz 2006

5. ERGEBNISSE AUS DEN WORKSHOPS

Da die Workshops mit einem großen finanziellen Aufwand verbunden waren, wurden insgesamt nicht mehr als 24 Workshops angeboten, wobei 22 Termine für Schulklassen und zwei weitere für öffentliche Workshops vorgesehen waren. Während die Nachfrage der Schulklassen die angebotenen Möglichkeiten überstieg, konnten beide öffentlichen Workshops wegen mangelnder Teilnehmerzahl nicht durchgeführt werden. An den Schulworkshops waren alle Schultypen vom Brückenangebot für Jugendliche ohne Lehrstellen bis zum Gymnasium vertreten. Während es in einigen Klassen sehr viele Musliminnen und Muslime gab, fehlten sie in anderen vollständig.

Alle Schulklassen konnten Beiträge realisieren, wobei diese bezüglich Form und Inhalt sehr unterschiedlich ausfielen. Es entstanden Kurzspielfilme, Rap-Songs, Passantenbefragungen, Talkrunden, Radiosendungen, Fotoromane, fiktive Live-Reportagen und Fotoalben, aber auch die Präsentation von persönlichen Fragestellungen und Meinungen.

Inhaltlich gesehen ließ sich feststellen, dass für die Jugendlichen vor allem soziale Themen besonders wichtig waren. Fragen wie „Welche Rolle spielen die Eltern bei der Ausübung von Religion?" oder „Wie ist es, sich in eine Person mit einer anderen Religionszugehörigkeit zu verlieben?" standen im Zentrum. Gerade von Mädchen wurde ‚das Kopftuch' häufig thematisiert, wobei auch hier soziale Aspekte und nicht das Kopftuch als Politikum aufgegriffen wurden. So setzte eine Gruppe die aktuelle Auseinandersetzung einer Schülerin um, die ihre Freundinnen um deren Meinungen bat, ob sie das Kopftuch tragen solle oder nicht. Andere Beiträge zum Kopftuch setzten sich mit der Wahlfreiheit und möglichen Implikationen bezüglich Freundschaften, Sozialleben und Berufsmöglichkeiten auseinander.

Ausschnitt aus einem Beitrag der Weiterbildungsschule Hohlbein Basel

Ein weiterer wichtiger Themenbereich befasste sich mit

‚Respekt'. Dabei forderten die Jugendlichen einen respektvollen Umgang miteinander und hielten fest, dass viele der Probleme mit anderen Religionen nur eine Sache der Erwachsenen sei.

Ein Beitrag der Berufsfachschule Basel

Durch die verschiedenen Beiträge wurde ein großes Spektrum an Meinungen in den Schweizer Teil gebracht: Viele Jugendliche präsentierten die eigene Meinung. Dabei konnte es sowohl geschehen, dass eine Konsensmeinung der Gruppe oder die Meinungen der einzelnen Jugendlichen dargestellt wurden. Durch Befragungen wurden die Meinungen anderer Personen in den Mittelpunkt gestellt; die Jugendlichen wurden zu Forschern, die mit ihren Fragen an andere Personen herantraten. Dabei kam es häufig zu Gesprächen über die Generationen hinweg. Außerdem wurden auf diese Weise Meinungen von Personen an das Museum gebracht, die gänzlich außerhalb des Ausstellungskontextes standen.

Vor allem in Gruppen ohne muslimische Mitschülerinnen und Mitschüler wurden durch Rollenspiele häufig Meinungen generiert oder konstruiert. In diesen Gruppen wurde festgestellt, dass der Diskurs über den Islam ohne muslimische Stimmen schwierig ist. Auch die Ansichten von erwachsenen Personen wurden auf diese Weise generiert. Gerade in Gruppen mit nur muslimischen Jugendlichen präsentierten sich diese manchmal auch als religiöse Experten. Sie stellten dar, was ihrer Meinung nach an die Besucherinnen und Besucher über den Islam vermittelt werden sollte.

Während die Workshops sehr erfolgreich liefen, waren die öffentlichen Präsentationen am Ende eines Blocks sowohl von Jugendlichen als auch einem breiten Publikum eher schlecht besucht. Die Ausnahme war die erste Präsentation, welche an einem Werktagabend stattfand und wo vor allem in einer Klasse der Lehrer den Besuch der Veranstaltung ermutigte. Bei dieser

Veranstaltung ergriffen die Jugendlichen sowohl auf dem Podium wie auch im Publikum abermals die Gelegenheit, sich und ihre Meinungen zu präsentieren.

6. FEEDBACKS ZU DEN WORKSHOPS

Jeder Workshop beinhaltete eine Schlussdiskussion mit den Schülerinnen und Schülern über den Workshop und die Ausstellung. Dabei erlebten die Jugendlichen Workshop und Ausstellung durchwegs als positiv. Ein wichtiges Fazit der Schlussdiskussion war, dass durch Workshop und Ausstellung das in den Köpfen der Jugendlichen existierende Bild von Museum aufgebrochen werden konnte.

Öffentliche Präsentation und Podiumsdiskussion mit den Jugendlichen (Foto: Gaby Fierz)

Die Jugendlichen beschrieben, wie sie erwartet hatten, alte Gegenstände zu sehen, viel zuhören zu müssen, allenfalls einen Fragebogen auszufüllen, sich zu langweilen und müde zu werden. Die Ausstellung sei hingegen farbig und spannend gewesen und habe sich mit Alltagsthemen beschäftigt, die auch für die Jugendlichen relevant seien.

Wichtig war auch die Erfahrung der Jugendlichen, selbst in der Ausstellung aktiv gewesen zu sein. Sehr häufige Aussagen waren zum Beispiel „*Ich dachte, es würde langweilig, aber wir haben etwas Produktives getan*". Die Jugendlichen erlebten den Umgang mit den Medien als lustvoll. Auch die Möglichkeit, sich selbst darzustellen wurde von den Jugendlichen mit Freude und Spaß assoziiert. So meinte zum Beispiel ein Jugendlicher: „*Als ich fotografiert wurde, fühlte ich mich wie ein Model*". Besonders wichtig war es den Jugendlichen auch, dass ihre Beiträge zu einem Teil der Ausstellung wurden und ihnen damit Wertschätzung widerfuhr. „*Wir haben zur Vielfalt der Ausstellung beigetragen*" war deshalb auch das Fazit einer Schülerin. Die Tatsache, dass für ein Museum und nicht für die Schule gearbeitet wurde, ermöglichte es den Gruppen, die Interviews außerhalb des Hauses durchführten, mit mehr Selbstvertrauen an Personen heranzutreten. „*Es ist ein anderes Gefühl, wenn ich sagen kann ‚Ich komme vom Museum' als wenn ich sage ‚ich bin vom Schulhaus so und so'.*" hielt ein Schüler fest. Die Länge der Workshops wurde meist als genau richtig beurteilt.

Ein weiteres Feedback seitens der Jugendlichen wie auch der begleitenden Lehrerinnen und Lehrer war, dass durch den Workshop neue Aspekte an den (Mit-) Schülern entdeckt wurden. So hielt etwa ein christlicher Jugendlicher, der sich anfänglich durch die Thematik überhaupt nicht angesprochen gefühlt hatte, am Ende des Workshops fest, dass er neue Dinge über seine muslimischen Kollegen erfahren habe.

Seitens der Besucherinnen und Besucher wurden die Beiträge der Jugendlichen sehr positiv aufgenommen. Indem transparent war, dass die Jugendlichen selbst ihre Botschaften gewählt hatten und selbst für die Umsetzung verantwortlich waren, wurden die Beiträge vom Ausstellungspublikum als sehr authentisch und direkt empfunden. Ausserdem ermöglichten sie einen Einblick in die Ansichten und Lebenswelten von muslimischen und nicht-muslimischen Jugendlichen, was als sehr bereichernd beurteilt wurde.

7. Fazit

Das Projekt „Urban Islam Medial" hat unserer Meinung nach die oben genannten Ziele erreicht. Durch das Projekt konnte die angestrebte Meinungsvielfalt umgesetzt werden; außerdem war während des Workshops spürbar, dass diverse Prozesse im Bereich der Kommunikation und Reflexion stattfanden. Nicht immer war es für die Jugendlichen einfach, mit Personen zusammenzuarbeiten, mit denen sie in einem Konflikt standen oder zu akzeptieren, dass verschiedene Meinungen vorhanden waren. Dass jeweils dennoch ein gemeinsames Produkt entstehen konnte, erfüllte die Jugendlichen mit Stolz.

Das Projekt hat außerdem gezeigt, dass Jugendliche gerne die Plattform einer professionellen Institution nutzen und dass ein derartiges Projekt tatsächlich das bestehende Museumsbild von Jugendlichen verändern kann. Die mangelnde Teilnahme an den öffentlichen Workshops hat aber auch aufgezeigt, dass den Schulen eine wichtige Vermittlerfunktion zukommt.

Mit dem Projekt wurden Impulse sowohl in der Thematisierung des Islams als auch in der Förderung von personalen Ressourcen gesetzt. Wie nachhaltig diese Impulse wirken, ist wieder davon abhängig, ob und wie der Workshop an den Schulen weiterverfolgt wird.

Seitens des Museums bleibt als wichtiges Fazit, dass solche Projekte früh in der Ausstellungskonzeption berücksichtigt werden müssen, damit Platz in der Ausstellung und die Finanzierung gewährleistet werden können.

LITERATUR

Shatanawi, Mirjam & Ünsal, Deniz: Urban Islam. Rethinking the Familiar. ISIM Newsletter 14:44, 2004.

Eidgenössische Ausländerkomission EKA (Hrsg.): Muslime in der Schweiz. Bern, 2005.

Fierz, Gaby: Grenzverkehr zwischen Eigenem und Fremden – Religiöse Rituale ausstellen. Regio Basiliensis 47/1: 55 – 60, 2006.

KONTAKT

Miriam Cohn
E-Mail: miriam.cohn@bs.ch
WEB: http://www.mkb.ch

Wolfenbütteler Akademie-Texte 30

ANNA GABRIELA FIERZ
FESTE IM LICHT. RELIGIÖSE VIELFALT IN EINER STADT.
AUSSTELLUNG – PUBLIKATION – DVD/CD-ROM
MUSEUM DER KULTUREN BASEL VOM 7. NOVEMBER 2004 BIS 16. MAI 2005

Das Projekt „Feste im Licht. Religiöse Vielfalt in einer Stadt" setzte im Spannungsfeld zwischen gesellschaftspolitischer Bedeutung, individuellen Lebenswelten und integrationsstiftender Funktion von Religion und Religiosität an. Das Museum wurde so zur Bühne, auf der die Lichterfeste aller beteiligten Religionsgemeinschaften gleichwertig dargestellt wurden. Ausgangspunkt für die Präsentation der Lichterfeste waren denn auch museologische Konzepte, welche die Museen nicht nur als Orte des Bewahrens und Konservierens sehen, sondern auch als Agenturen der Perspektivierung und Sinnproduktion, als Orte des Befremdens, der Irritation und der Infragestellung des Gewohnten. Ausgehend von einem demokratischen Museumsverständnis entstand die Ausstellung in einem partizipativen und integrativen Prozess zusammen mit Vertreterinnen und Vertretern der verschiedenen Religionsgemeinschaften in Basel und Umgebung[1].

(Foto Markus Gruber)

---

[1] Siehe auch: Fierz, Gaby/Schneider, Michael (Hrsg.): Feste im Licht. Religiöse Vielfalt in einer Stadt, Museum der Kulturen, Christoph Merian Verlag 2004 und Fierz, Gaby: Grenzverkehr zwischen Eigenem und Fremdem – Religiöse Rituale ausstellen. In: Regio Basiliensis 47/1 2006 (S. 55-60).

Wolfenbütteler Akademie-Texte 30

1. DIE IDEE

Im November und Dezember werden die Städte Mitteleuropas, symbolträchtig im dunklen Winter, vom Lichterglanz des christlichen Weihnachtsfestes erleuchtet. Als festlicher und umsatzträchtiger Anlass genießt diese alljährliche Glitzerwelt unbestritten den Status als populärstes Fest im christlichen Jahreskalender – ungeachtet der tatsächlich stattfindenden Besinnung auf seinen religiösen Kern. Kaum präsent im öffentlichen Raum sind hingegen die zahlreichen Feiern anderer Religionen, die islamischen, jüdischen, buddhistischen, hinduistischen und altpersisch-zoroastrischen Feste. Dieses räumliche und zeitliche Neben- und Miteinander der verschiedenen Feste wollten wir zeigen. Vorgestellt wurden die hinduistischen Feste Gauri Puja und Deepavali, das thai-buddhistische Loy Krathong, das islamische Ramadanfest, das jüdische Chanukka, die christlichen Weihnachten und das altiranische Frühlingsfest Nouwrouz/Newroz.

Wie werden diese Feste gefeiert? Was bedeuten sie? Was verbindet und was trennt diese Feiern? Wie werden sie von den einzelnen erlebt? Welche Erinnerungen rufen sie hervor? Diese Fragen standen am Anfang der Recherchen, die uns in Wohnzimmer, Kirchen, Synagogen, Moscheen und Hindutempel in der Region Basel führten.

2. RELIGIÖSER PLURALISMUS ALS FOLGE DER MIGRATION

Die religiöse Vielfalt ist in Basel wie auch in anderen Städten in der Schweiz und in Europa eine der Folgeerscheinungen der Immigration der 1980er und 1990er Jahre. Diese Entwicklung lässt sich auch an den Zahlen der schweizerischen Volkszählung aus dem Jahre 2000 nachzeichnen. So beträgt der Anteil derjenigen Religionsangehörigen, die keiner traditionellen Landeskirche angehören schweizweit 7,1%, nachdem es 1990 3,7% und 1970 erst 0,7% waren. Den größten Anteil stellen dabei Angehörige der islamischen Glaubensgemeinschaft mit 4,3% (311.000 Personen). Albaner aus dem Kosovo und Mazedonien bilden die größte, Personen aus der Türkei, die zweitgrößte Gruppe der in der Schweiz lebenden Muslime. Die Zahl der Angehörigen christlich-orthodoxer Kirchen hat sich von 1990 bis ins Jahr 2000 auf 1,8% (132.000 Personen) verdoppelt, als Folge der kriegsbedingten Immigration aus Bosnien-Herzegowina, Serbien, Mazedonien und Kosova. Hinduistische Traditionen werden vor allem in der tamilischen Gemeinschaft gefeiert, welche in der Schweiz die größte Gruppe von Ausländern aus nicht-europäischen Ländern ist. Insgesamt gibt es laut der Volkszählung von 2000 etwa 28.000 Hindus, was einem Anteil von 0,4% entspricht. Und neben einer breiten allgemeinen Popularisierung buddhistischen Gedankengutes in der westlichen Gesellschaft in den vergangenen Jahren, stammt der größte Teil der insgesamt 21.000 Buddhisten (0,3%) ursprünglich aus Thailand[2]. Der Anteil der Jüdinnen und Juden, der ältesten nichtchristlichen Religionsgemeinschaft in der Schweiz, beträgt 0,25%, das entspricht 18.000 Personen[3].

Die allmähliche Verankerung nichtchristlicher Traditionen wird auch dadurch unterstrichen, dass bereits ein Viertel der heute in Basel lebenden Tamilinnen und Tamilen sowie Personen aus dem ehemaligen Jugoslawien in der Schweiz geboren wurden und Türkinnen und Türken zu den am häufigsten eingebürgerten Personen gehören. So hat sich in den letzten Jahren eine wesentlich differenziertere religiös und kulturell geprägte Fest-Landschaft etabliert[4].

3. DAS KONZEPT

Ausgangspunkt der Konzeptentwicklung für die Ausstellung und die Publikation war das Prinzip der Gleichstellung. Alle Feste der unterschiedlichen Religionen sollten gleichberechtigt nebeneinander gezeigt werden. Und dies ganz bewusst im Widerspruch zur gelebten Realität, in der Moscheen und Hindutempel in stillgelegten ehemaligen Fabrik- und Lagerhallen untergebracht sind, während als sakrale Bauten eindeutig christliche Kirchen das Stadtbild beherrschen. Darüberhinaus begannen die Recherchen entlang folgender konzeptueller Überlegungen:

1. Es sollten Lichterfeste aller Weltreligionen gezeigt werden, „unser" Weihnachtsfest eingeschlossen. Zu berücksichtigen war bei der Auswahl aber auch die Anzahl der Angehörigen der jeweiligen Religion nach Herkunftsregionen. So wählten wir beispielsweise als Repräsentanten der hinduistischen Lichterfeste Gauri Puja und Deepavali die tamilischen Einwohnerinnen und Einwohner, da sie die

---

[2] Statistische Angaben zur Schweiz aus: Haug, Werner: Pluralisierung der Religionszugehörigkeit in der Schweiz, in: Tangram 14, Buelletin der Eidgenössischen Kommission gegen Rassismus, Oktober 2003, S. 111-114.
[3] Rosenkranz Verhelst, Simone: Judentum in der Schweiz, http:/www.unilu.ch/gf/3259_11709
[4] Baseler Zahlenspiegel, Statistisches Amt des Kantons Basel-Stadt, Oktober 2003

größte hinduistische Gruppe in der Schweiz bilden. Ebenfalls aus repräsentativen Gründen in Bezug auf die in der Schweiz lebenden Buddhisten, baten wir die buddhistische Gemeinschaft der Thailänderinnen und Thailänder, vertreten durch den Abt des thai-buddhistischen Zentrums Wat Srinagarindravararam in Gretzenbach um eine Zusammenarbeit zur Präsentation des Loy Krathong Festes.

2. Methodisch wählten wir einen subjektiven Zugang, der das Erleben und die Erfahrung der einzelnen Menschen in den Vordergrund stellt und nicht die Meinung und Haltung offizieller Vertreter der Religionsgemeinschaften. Mit dieser Vorgehensweise wollten wir eine andere Sichtweise auf die Feste und die damit verbundenen religiösen Inhalte in den Vordergrund rücken als diejenige offizieller Vertreter der Religionsgemeinschaften.

3. Interviews sollten demnach mit Angehörigen der jeweiligen Religionsgemeinschaft geführt werden, und zwar mit Kindern, Frauen und Männern, mit religiös distanzierten wie auch gläubigen Menschen, um die Vielfalt religiöser Identitäten innerhalb der verschiedenen Religionsgemeinschaften aufzuzeigen.

4. Um die Bewegung und die visuelle Ausstrahlung der Festrituale adäquat vermitteln zu können und diese gleichzeitig auch zu dokumentieren, arbeiteten wir mit der Videokamera. Die kleine, bewegliche Handkamera erlaubte eine intime Nähe zu den Protagonistinnen und Protagonisten, die mit einem größeren Filmteam – Kameramann, Beleuchter, Tonaufnahmeleiter – nie möglich gewesen wäre. Die Feste und Feiern wurden, so wie sie von Herbst 2003 bis Frühling 2004 in Basel und Umgebung stattgefunden haben, filmisch dokumentiert. Das Filmen war ein wichtiger Teil der Feldforschung selber. Gleichzeitig waren die filmischen Dokumente auch Kernstücke der Ausstellung, die den Besucherinnen und Besuchern den Zugang und das Verständnis der Festrituale erleichterten.

4. DIE RECHERCHEN

Der Themenbereich Religion und Migration ist in der Schweiz noch kaum wissenschaftlich untersucht. Auf die Initiative des Lehrstuhlinhabers der Religionswissenschaften an der Universität Luzern, Martin Baumann, wurden in jüngerer

Zeit einige Forschungsprojekte zum Thema lanciert[5]. Die gesellschaftliche Brisanz und Relevanz des Themenbereichs ist jedoch unbestritten. Daher erstaunt es nicht, dass es migrationspolitische Institutionen sind, die Untersuchungen in Auftrag geben. So liegt nun seit November 2005 eine Studie über Muslime in der Schweiz vor, die von der Eidgenössischen Kommission für Ausländer in Auftrag gegeben wurde[6]. Wissen und Kompetenzen liegen denn heute auch eher im Privaten als bei Vereinen oder Organisationen, wie beispielsweise der Informationsstelle für Religionen in Basel (Inforel) und der Interreligiösen Arbeitsgemeinschaft der Schweiz IRAS[7].

Als ich vor drei Jahren mit meinen Recherchen begann, konnte ich demnach kaum auf wissenschaftliche Untersuchungen zurückgreifen. Ich begab mich in media res und kontaktierte direkt die offiziellen Vertreter der einzelnen Religionsgemeinschaften. Entscheidend für das Gelingen des Vorhabens waren diese ersten Gespräche, die Kommunikation generell, die unter der Berücksichtigung der unterschiedlichen kulturellen Hintergründe stattfinden musste. So stand der Abt des thai-buddhistischen Zentrums dem Projekt zu Beginn eher skeptisch gegenüber, wollte anlässlich meines ersten Besuchs detaillierte Informationen über die Ziele des Projekts und über das Museum der Kulturen, schickte anschließend an meinen Besuch im Wat Srinagarindravararam ohne Vorankündigung eine Delegation nach Basel ins Museum und lud mich nochmals zu einer Diskussion ins thai-buddhistische Zentrum ein. Diese gegenseitigen Besuche, das Abtasten und sich Kennenlernen bevor es zu einer eigentlichen Zusage für eine Zusammenarbeit kam, waren überaus wichtig für die Vertrauensbildung. Die Kooperation mit den unterschiedlichen Religionsgemeinschaften, deren Mitglieder unterschiedlicher kultureller Herkunft sind, erfordert deshalb Kombinationen von Kompetenzen auf unterschiedlichen Ebenen: kulturelles Wissen, soziale Kompetenz; Intuition, Flexibilität und Durchsetzungsvermögen. Es waren gegenseitige Annäherungspro-

---

[5] Zum Beispiel seine neuste Publikation: Baumann, Martin/ Behloul, Samuel M. (Hg.): Religiöser Pluralismus. Empirische Studien und analytische Perspektiven Bielefeld: transcript, Oktober 2005 oder auch in Fierz, Gaby/Schneider, Michael (Hrsg.): Feste im Licht. Religiöse Vielfalt in einer Stadt, Museum der Kulturen Basel und Christoph Merian Verlag, 2004, S. 140-150.

[6] Eidgenössische Ausländerkommission EKA (Hrsg.), Muslime in der Schweiz, Bern 2005.

[7] Die Informationsstelle ‚Inforel' unterhält eine laufend aktualisierte sehr informative Homepage über die religiösen Gemeinschaften in Basel und Umgebung. www.inforel.ch.

zesse, in denen beide Seiten ihre Interessen vertraten und aushandelten. Der Stolz auf das eigene kulturelle und religiöse Erbe und das Bedürfnis und der Wunsch, dieses darzustellen und einem größeren Publikum zugänglich zu machen, war für viele eine wichtiger Grund, sich am Projekt „Lichterfeste" zu beteiligen. Auch die Wertschätzung die sie, die Vertreterinnen der verschiedenen Religionsgemeinschaften durch das Interesse einer in Basel verhafteten kulturellen Traditionsinstitution wie dem Museum der Kulturen erfuhren, spielte eine äußerst motivierende Rolle.

Als Beobachterin begleitet vom Kameramann Beat Manetsch nahm ich an den Festen teil, dokumentierte diese nicht nur mittels Videofilmen, sondern auch schriftlich und mit Audioaufnahmen. Diese Aufnahmen kamen einzig durch die Offenheit der verschiedenen Religionsgemeinschaften zustande. So durften wir ohne Probleme einen der Chanukkaabende bei der Familie Selig und das Ramadanfest bei der Familie Yilmaz mit der Kamera aufzeichnen.

Schwieriger war es hingegen eine christliche Familie zu finden, die sich während des Weihnachtsabends hat filmen lassen. Hinter diesen Schwierigkeiten stecken wohl verschiedene Gründe. Zum einen stellt sich die Frage, warum christliche Familien hier in der Schweiz ein Interesse daran haben sollten zu zeigen, wie sie ihr Weihnachtsfest feiern, wo dies doch die Mehrheit der Bevölkerung in ähnlicher Art und Weise tut. Zum anderen ging ich selber ganz selbstverständlich davon aus, da es ja auch „mein Fest" ist, dass es wohl kein Problem sein wird, eine Familie zu finden und behandelte die Suche nach einer Familie nicht prioritär.

5. INTERVIEWS

Vor dem Hintergrund der oben skizzierten konzeptuellen Überlegungen suchten wir Kinder, Frauen und Männer, die bereit waren über „ihr" Fest zu sprechen. Miriam Cohn, wissenschaftliche Projektmitarbeiterin und ich wollten wissen, was ihnen das Fest bedeutet und wie sie es erleben. Die Interviews waren in der Ausstellung zu hören. Im Folgenden ein Ausschnitt aus dem Gespräch mit Mahmud El-Saghir, einem 12-jährigen in Basel geborenen Jungen mit ägyptischen Wurzeln, der mit seiner Familie den Ramadan begeht und das Ramadanfest feiert.

Mahmud El-Saghir (Foto: A. Pol)

„Das Ramadan-Fest ist ja nach dem Fasten und es ist ein Freudenfest. Alle freuen sich und es wird gefeiert und ich denke irgendwie, man hat es verdient. Zuerst wird in der Moschee das Morgengebet gemacht. Danach gibt es Süßigkeiten, man macht den Kindern eine Freude. Und die Kinder können sich auch etwas wünschen, was sie gerne haben wollen. Ich habe es am liebsten, wenn die Familie zusammen ist und wir einfach alle froh sind. Es ist eigentlich immer eine schöne Erinnerung, wenn man an das Ramadan-Fest zurückdenkt. Einmal gingen wir im Allschwiler Wald grillieren, da kamen auch viele meiner Freunde mit und ihre Familien. Da brieten wir Fleisch und es war schönes Wetter. Wir haben zusammen Fußball gespielt. Es war wirklich ein sehr schöner Tag für mich und ich denke auch für die andern war's super. Wichtig ist die Freude, nicht dass irgendein Kind weint oder traurig ist aus irgendeinem Grund. Sicher ist auch das Morgengebet wichtig und dann die Geschenke, die Geschenke an die Kinder, die sich daran freuen können. Es gibt auch spezielles Essen, meistens sehr süße Sachen. Letztes Jahr durfte ich mir Kleider auswählen und sie an diesem Tag anziehen, eine schwarze Hose und einen schwarzen Anzug, den ich sehr elegant fand. Wir singen immer ein bestimmtes Lied. Auf Deutsch bedeutet das Lied, „Das Licht vom Propheten Mohammed kommt zu uns. Das Licht von unserem Propheten erfüllt unser Herz." Auch in Basel in der Moschee wird das gesungen, vor dem Gebet und nach dem Gebet singen wir das laut.

Mein Onkel in Kairo kauft jedes Jahr ein großes Schaf und eine Kuh und die werden dann geschlachtet. Und das Spezielle daran ist: Wir verteilen dieses Fleisch in der ganzen Stadt, auch an arme Leute. Und es wird wie eine Suppe mit Fleisch drin und viel Brot, damit die Leute satt werden. Und das wird dann überall verteilt, damit selbst die Armen etwas haben. Wir gehen vielleicht auch abends irgendwo in ein Restaurant und essen zusammen oder gehen irgendwohin in die Stadt und machen zusammen etwas Tolles, das uns allen Spaß macht. Es macht mir schon Freude, Feste zu feiern. Auch in der weihnächtlichen Zeit verteilen meine Kollegen und ich unter uns Geschenke. Ich gehe aber nicht in die Kirche oder so. Weihnachten macht mir auch Freude. Wir feiern nicht mit einem Weihnachtsbaum, singen christliche Lieder oder so. Aber trotzdem gibt es auch einmal ein Geschenk unter uns.

Das Wichtigste am Ramadan-Fest ist die Nacht der Offenbarung: die Nacht, in welcher der Koran auf die Erde heruntergekommen ist. Das sind die zwei, drei Tage vor dem Ramadan-Fest. Und jeden Abend gibt's ein langes Gebet. Wenn man diese Nacht gebetet hat, dann ist man sicher, dass man ins Paradies kommt. Und am Ramadan-Fest verteilt man auch Almosen an die armen Leute. Man weiß z.B., wer Asylant ist und nicht viel Geld hat. Es gibt einen Betrag, der pro Person gestellt wird, und diese Almosen werden einer vertraulichen Person gegeben. Diese vertrauliche Person gibt es an diese Familie weiter. Und das Fasten während des Ramadans wird von Gott oder vom Himmel nicht akzeptiert, wenn man nicht jemandem Almosen gibt. Also ich gebe mir Mühe, auch zu fasten. Es ist sehr schwer, weil ich mich nicht gut konzentrieren kann, wenn ich Hunger habe. Und in der Schule finde ich es sehr wichtig, dass ich mich konzentrieren kann und dabei bin. Ab und zu merke ich, ich halte es nicht mehr aus, ich brauche etwas zu essen, damit ich mich in meiner nächsten Mathe-Stunde konzentrieren kann. Aber ich gebe mir Mühe und versuche, wirklich den ganzen Tag zu fasten bis abends, wenn meine Mutter etwas Großes kocht und es viel Essen gibt. In der vierten Klasse war ich schon stolz, als ich es einen Tag lang ohne Wasser und ohne etwas zu essen geschafft habe. Das ist schwer für ein Kind, und das auch noch in der Schule, und dann siehst du, wie die anderen essen in der Pause und du hungerst. Aber wenn man sich langsam immer mehr steigert, wird man es irgendwann schaffen den ganzen Monat. Es gibt ja viele arme Kinder in Afrika, die Hunger leiden. Beim Fasten merkt man am eigenen Leib, was Hunger ist. Und viele Menschen haben das jeden Tag und die fasten nicht und bekommen sogar abends wenig zu essen."

6. DIE AUSSTELLUNG – ORT DER INTEGRATION UND PARTIZIPATION

Phrakhrupalad Gonggiert und Juthamas Renggli

Die verschiedenen Feste wurden in Lichtboxen mittels typischer Objekte einerseits und der entsprechenden Einrichtung andererseits inszeniert. Bei der Ausstattung der einzelnen Feste arbeiteten wir eng mit den Vertreterinnen und Vertretern der Religionsgemeinschaften zusammen. So war es beispielsweise der stellvertretende Abt vom Wat Srinagarindravararam in Gretzenbach, der zusammen mit weiteren Vereinsmitgliedern des Wat Thai den buddhistischen Altar für das Loy Krathong Fest einrichtete.

Auch bei den Übersetzungen der kurzen Ausstellungstexte, welche die Bedeutung des jeweiligen Festes erklärten, in zwölf Sprachen, arbeiteten wir eng mit den Communities der Migrantinnen und Migranten zusammen. Die Texte wurden auf Bahnen gedruckt und waren ebenfalls ein zentrales Element der Ausstellung. Die für die Ausstellung unverzichtbaren filmischen Dokumente kamen einzig dank der Offenheit der verschiedenen Religionsgemeinschaften zustande. Die Diskussionen über den Rohschnitt der Filme oder über die Auswahl der Ausschnitte aus den Gesprächen, waren intensiv und sowohl für die Museumsmitarbeiterinnen als auch für die Vertreterinnen und Vertreter der Religionsgemeinschaften äußerst fruchtbar und bereichernd. Und dies gerade auch, weil dieser Prozess der Vertrauensbildung nicht ohne Konflikte und Irritationen verlief. So führte beispielsweise die Szene des Morgengebets einer der islamischen Protagonistinnen zu längeren Diskussionen darüber, welche der Gebetshaltungen im Film gezeigt werden sollen und welche nicht. Aber auch in Bezug auf die Objektauswahl waren wir vom Museum und die Vertreterinnen und Vertreter der einzelnen Religionsgemeinschaften nicht immer gleicher Meinung. Irritiert war beispielsweise die sunnitisch-türkische Religionsgemeinschaft über das Hinterglasbild in der Ausstellung, welches Mohammed auf dem geflügelten Pferd zeigt und vermutlich aus Pakistan stammt. Sie wollten dieses durch einen Koranvers ersetzt haben. Das Bild blieb. Mein Argument, dass Respekt geboten sei vor der Vielfalt künstlerisch-religiöser Ausdrucksformen, vermochte zu überzeugen.

Das Museum konnte auch keineswegs alle Erwartungen erfüllen. Zum Beispiel diejenige des Abts des thai-buddhistischen Zentrums, der dem Museum eine Buddhafigur schenken wollte mit der Auflage, jene permanent auszustellen. Im offenen Gespräch wurde die Unmöglichkeit dieses Vorhabens erläutert. Die Auseinandersetzung festigte die Beziehungen. Während der Ausstellungsdauer nahmen die Vertreterinnen der verschiedenen Religionsgemeinschaften aktiv am Veranstaltungsprogramm teil und spielten eine wichtige Rolle in der Vermittlung der Ausstellungsinhalte an die Besucherinnen und Besucher.

Durch dieses Einbezogensein auf unterschiedlichen Ebenen entstand eine große Nähe und Verbindlichkeit dem Projekt „Feste im Licht" gegenüber, dass sich unter anderem darin äußerte, dass die Ausstellung auch als „eigene" erlebt wurde. Dies zeigte auch die Feedbackrunde am Ende der Ausstellung, in der dieses Verbundensein mit dem Projekt, die in ihren Augen gelungene Selbstrepräsentation, deutlich zum Ausdruck kam.

Die Ausstellung „Feste im Licht" ging nicht von einer einzigen unerschütterlichen Wissensinstanz aus, sondern gestand dem Laienwissen ebenfalls seinen Platz zu. So entstand eine Bühne für unterschiedliche Sichtweisen, Erfahrungen und Werthaltungen. Die Form der Darstellung sensibilisierte die Besucherinnen und Besucher für Eigenes und Fremdes und förderte so eine differenzierte Wahrnehmung kultureller und religiöser Phänomene, eine wichtige Voraussetzung für ein gegenseitiges Verstehen.

Vor allem auch bei den Schulen stieß die Ausstellung auf großes Interesse und es gab eine rege Nachfrage nach den begleitenden museumspädagogischen Angeboten. Deshalb sahen wir uns in unserem bereits während der Vorbereitung der Ausstellung geplanten Vorhaben, die audiovisuellen Materialien in Form einer DVD und einer CD-Rom herauszugeben, bestärkt. Ergänzt durch eine Vielzahl konkreter Arbeitsvorschläge und Anleitungen, die wir während der Ausstellung in den museumspädagogischen Veranstaltungen entwickelt haben, erschien im Sommer 2005 die gleichnamige DVD/CD-Rom.

Die DVD/CD-Rom (CHF 39.-; EURO 26.- plus Versandkosten) wie auch die gleichnamige Publikation (CHF 29.-; EURO 20.-) können bei folgender Adresse bestellt werden:

KONTAKT
Gaby Fierz
Museum der Kulturen Basel
Augustinergasse 2
CH-4001 Basel-Stadt
E-Mail: gaby.fierz@bs.ch
WEB: www.mkb.ch

CAROLINE GRITSCHKE
„MEINE STUTTGARTER GESCHICHTE"
INTERKULTURELLES (HER-)AUSSTELLEN VON BIOGRAPHIEN

Das Nachdenken über Räume und Orte, Genealogien und Geschichte vor dem Hintergrund der Identitätspositionen junger Migranten wurde angeregt durch meine eigenen Erfahrungen in der Geschichtsvermittlung. Nach einer interaktiven Führung durch eine Ausstellung zur mittelalterlichen Geschichte der Stadt Stuttgart unterhielt ich mich mit einigen Schülern über das in einer christlichen Kirche Gezeigte. Sie gaben an, von der Ausstellung wenig berührt zu sein, da sie nichts mit ihnen zu tun habe, schließlich sei Stuttgart nicht ihre Stadt. Auf mein erstauntes Nachfragen gaben die drei 14jährigen Schüler an, in Stuttgart geboren zu sein. Schon ihre Eltern waren als Kinder aus der Türkei in die Stadt gezogen.

Auf den ersten Blick könnte die Antwort der Jugendlichen suggerieren, dass eine Opposition zwischen der Geschichte von Räumen und der von Personen existiere oder dass Migranten erst dann richtig ‚integriert' seien, wenn sie sich mit der Ahnenreihe und ihren Lebenswegen weniger identifizierten als mit der Geschichte der Stadt und der Region, in der sie geboren sind.

Den Fragen an die historische Gegenwart[1], die sich aus der Reaktion auf die Ausstellung „Heiliger Raum. Stiftskirche, St. Leonhard und Hospitalkirche im Mittelalter" ergaben, versuchte ich nicht mit vorgefassten theoretischen Konzepten, sondern mit einer interaktiven biographie- und stadtgeschichtlichen Ausstellung auf den Grund zu gehen.

---

[1] „Historical present" nennt Arjun Appadurai die einzufordernde Perspektive einer Anthropologie, die den transnationalen kulturellen Veränderungen, der Verbindung zwischen den imaginierten Leben und den Netzen der Globalisierung Rechnung trägt. Vgl. Appardurai, Arjun: Glonal Ethnoscapes – Notes and Queries for a transnational Anthroplogy, in : Fox, Richard (Hg.) : Recapturing Anthroplogy. Working in the Present. Santa Fé,1991 (S. 191 ff, hier 208).

Traditionserfindung – Identitätsbildung: Methoden der (De)Konstruktion (Stadtteil ?)

Eine Ausstellung mit im weitesten Sinne stadthistorischen Inhalten sieht sich mit dem Dilemma konfrontiert, dass die Erwartungen der Besucher in einem gewissen Widerspruch zu den aktuellen Strömungen der Geschichtswissenschaft stehen: Während sich die historische Forschung seit einiger Zeit vor allem methodisch mit der Dekonstruktion von vereinheitlichenden Konzepten, Kategorien und Vorstellungen beschäftigt, sollen gerade Ausstellungen und Museen über historische Themen Identität überhaupt erst herstellen. Lokalhistorische Ausstellungen sollen Zerrissenes und Zergliedertes zusammenführen, den Besucher der Einrichtung zur Identifikation mit seiner Stadt führen.

Das Projekt „Meine Stuttgarter Geschichte" versucht beide Aspekte zusammenzuführen, indem Lebensverläufe und Raumbilder[2] in den Vordergrund gestellt werden. Junge Migranten recherchieren ihre Familiengeschichten, denken über ihre Lieblingsorte im Stadtteil nach und überlegen, wo sie ihre Positionen und Rollen in der Verflechtung von Menschen und Räumen sehen. Diese komplexen Beziehungen zwischen Migranten, Räumen und Kulturen, die nicht fixierbar sind, sondern oszillieren, lassen sich auch mit Konzeptualisierungsversuchen nur schwer einfangen. Binäre Differenzen, die Menschen der Herkunfts- oder der Ankunftskultur zuordnen, sind dabei zu vermeiden. Das postkoloniale Konzept der „Hybridität", das ein neues „Dazwischen sein" konstatiert, ist dennoch nach der Kritik der Literaturwissenschaftlerin Leslie A. Adelson, die die deutschsprachigen Werke von Autoren mit türkischem Migrationshintergrund untersucht, zu starr, um Migration im Zeitalter der Globalisierung zu beschreiben[3].

---

[2] Mit den Kulturen von Orten und den Raumbildern, die mit den Lebenslagen von Menschen verbunden sind, beschäftigt sich Detlev Ipsen, Raumbilder: Kultur und Ökonomie räumlicher Entwicklung, Pfaffenweiler 1997. Er macht deutlich, „daß ein Raumbild nicht nur eine Konstellation von Sachen mit einem Arrangement sozialer Bedeutung verbindet, sondern auf das engste mit Verhaltens- und Lebensstilen verbunden ist." (S. 16).

[3] Adelson, Leslie A..: The Turkish Turn in Contemporary German Literature - Towards a New Critical Grammar of Migration. New York e.a., 2005.

Der Anthropologe Arjun Appadurai hat mit seinem Konzept der *ethnoscapes* einen Zugang geschaffen, der Menschen und Räume in oszillierende Verbindungen zueinander setzt[4]. Ziel der Ausstellung „Meine Stuttgarter Geschichte" war es nun, einen kleinen Ausschnitt dieser ethnischen Landschaften sichtbar zu machen.

IMPULSE IN VERBUNDPROJEKTEN: BIOGRAPHIEGESCHICHTE UND BIOGRAPHIEARBEIT

Durch die Kooperation mit einer Institution der Sozialen Arbeit öffnete sich das ursprünglich stadthistorische Projekt für neue Inhalte, Räume und Zielsetzungen. Da die zentralen Akteure der Ausstellung nicht über die Schule rekrutiert wurden, aber dennoch Verbindlichkeit über einen längeren Zeitraum gewährleistet werden sollte, wurde das ‚Haus 49', ein internationales Stadtteilzentrum in Stuttgart-Nord, zum Projektträger. Die christlich-kirchliche Einrichtung war auch der Ort, an dem die Ausstellung eröffnet wurde. Das Haus stellt ein lokales Zentrum dar, in dem junge Migranten und ihre Familien ihre Freizeit verbringen. Das Interesse in diesem historisch orientierten Projekt mitzuarbeiten, war besonders bei älteren Migranten sowie bei den Sozialarbeitern und Sozialpädagogen sehr groß.

Neubau ‚Haus 49'[5]

---

[4] Wie Anm.1
[5] Die Fotos stammen von bzw. sind im Besitz der Vfn. Alle Rechte vorbehalten.

Durch die sozialpädagogische Trägerschaft griffen Biographiegeschichte und psychosoziale Biographiearbeit ineinander. Die Aufarbeitung der Lebensverläufe wurde von den Mitarbeitern der interkulturellen Sozialarbeit mit der Lebenswirklichkeit der Migranten in Gegenwart und Zukunft verknüpft: Biographiearbeit sollte den Jugendlichen helfen, sich bei Bewerbungen durch die im Projekt gewonnene Selbstvergewisserung besser darzustellen und im städtischen Umfeld an Selbstbewusstsein zu gewinnen. Erinnerungen, individuelles wie kollektives Gedächtnis wurden hier zur Lebenshilfe.

STADTTEIL-GESCHICHTE(N): TRANSKULTURELLE RÄUME ALS NETZWERKE

Raumbilder, die ihre Bewohner konstruieren und die von außen zugeschrieben werden, prägen die Stadt und ihre Menschen. Die Geschichte der Stadt hinterlässt Spuren in ihr, die der Stadt so eingewurzelt sind, dass sie ihre Einwohner – Uraltschwaben wie türkische Migranten – auch dann prägen, wenn diese noch nicht seit Jahrhunderten in ihr leben. Umgekehrt wirken sich das Leben und die Handlungspraxen der Bewohner der Stadt ständig auf die Bilder und Label der Stadt aus, verändern diese und schaffen sie neu.

Will man die Beziehungen von Menschen zueinander und zu den Räumen, in denen sie leben, beschreiben, ist eine herkömmliche Vorstellung von Räumen als Behälter mit festen Grenzen wenig hilfreich. Für die Soziologin Martina Löw ist Raum deswegen ein abstrakter Begriff, der einen Konstruktionsprozess beschreibt. Spacing nennt Löw das Positionieren von sich und anderen, kulturellen und sozialen Gütern und die Verknüpfungsprozesse, die dann zu Räumen werden. Die Relationen zwischen Menschen kristallisieren zu Ordnungen, zu festen Orten, die sich aber jederzeit wieder verwandeln können. Die Stadt als Ort enthält viele verschiedene räumliche Netzwerke, in denen Grenzen gezogen und verändert, Definitionen von innen und außen verhandelt werden[6].

---

[6] Löw, Martina: Raumsoziologie. Frankfurt/Main, 2001.

Marc Augé beschreibt Orte als Texte[7]. Räume, die Beziehungen zwischen Menschen anordnen, werden zu Orten, denen ihre Nutzung und Geschichte eingeschrieben ist. Um den Prozess der Veränderung, dass heißt die Einschreibung der Migration, die Abkehr vom Gast-Status im Körper der Stadt zu dokumentieren, wurde eine Fotoausstellung über das Nordbahnhofviertel, aus dem alle beteiligten Jugendlichen stammen, Bestandteil der Ausstellung.

Der Stadtteil Nordbahnhof ist baulich von der übrigen städtischen Bebauung weitgehend abgeschnitten: Auf der westlichen Seite wird das Viertel durch einen Friedhof, eine große Ausfallstraße sowie eine Industrie- und Bahnbrache begrenzt, den östlichen Rand bilden die Bahngleise des Hauptbahnhofs, im Nordosten liegt eine städtische Parkanlage. Einwanderung prägt den Stadtteil seit dem Ende des 19. Jahrhunderts. Landbewohner aus katholischen Gebieten des württembergischen Nordens kamen auf der Suche nach Arbeit in die Stadt, wurden bei Post und Bahn angestellt und fanden Unterkunft in den von der Königlichen Eisenbahnverwaltung erbauten Wohnungen.

Eisenbahnerwohnungen Nordbahnhofstraße

Zu Beginn der 1960er Jahre kamen größere Gruppen von ausländischen Bahnarbeitern nach Stuttgart Nord. Die meisten wohnten nicht lange im eigens für sie errichteten Wohnheim in der Nordbahnhofstraße 53, sondern bezogen eine der Werkswohnungen und holten ihre Familien nach. Ihre Kinder wurden als Erwachsene oftmals wieder als Eisenbahner angestellt, eine Tradition, die wegen fehlender Arbeitsplatzangebote von der Generation der Enkel, den Protagonisten des Ausstellungs-Projekts, zumeist nicht fortgeführt werden kann.

---

[7] Augé, Marc: Orte und Nicht-Orte. Vorüberlegungen zu einer Ethnologie der Einsamkeit. Frankfurt/M., 1994.

Integrationsprobleme schon der ersten Binnenmigranten sowie der abgeschlossene Stadtraum (die „Prag") förderten Gemeinschaftsgefühl und Segregation. Eisenbahnervereine, musikalische Zusammenschlüsse wie das Akkordeonorchester und der SV Prag – vor allem mit den Abteilungen Boxen und Fußball – waren institutionalisierter Ausdruck der Stadtteilkultur als Eisenbahner in Stuttgart-Nord, die bis heute Bestand hat. Die Vereinsmitglieder sind entweder Eisenbahner-Pensionäre, oder es sind, wie im SV Prag, Kinder und Jugendliche mit Migrationshintergrund.

Heute leben im Nordbahnhof Menschen aus vielen Nationen, die meisten von ihnen stammen aus der Türkei. Menschen ausländischer Herkunft stellen über die Hälfte der Nordbahnhofbewohner. Wegen des hohen Migrantenanteils gilt der Stadtteil als Problemviertel in den Zuschreibungen von außen. Die Kriminalitätsraten sind allerdings kaum auffällig, es existiert eine sehr engagierte Gemeinwesenarbeit. Die Rosensteinschule, die Grund- und Hauptschule des Viertels, hat mit über 75% den höchsten Ausländeranteil in der Stadt.

Aufgegebenes italienisches Feinkostgeschäft

Migranten aus Italien, Spanien und der Türkei verankerten in den 1960er und 1970er Jahren ihren Lebensstil im Stadtteil, indem sie in der Nordbahnhofstraße Lebensmittel- und Feinkostläden eröffneten sowie die traditionell schwäbischen Eisenbahner-Lokale übernahmen. Als selbstständige Unternehmer wurden sie sichtbar Teil der Ökonomie und der Kultur des Stadtteils, gaben ihren Gast-Status auf. Innerhalb der ersten Generation[8] sind gerade türkischstämmige Migranten weit weniger zu finden als in der zweiten Generation. Die Söhne der Familien, die ankamen, machten sich - finanziell von den Gastarbeiter-Eltern

---

[8] Pütz, Robert: Transkulturalität als Praxis. Unternehmer türkischer Herkunft in Berlin. Bielefeld, 2004 (S. 73f.).

unterstützt – selbstständig und versuchten, außerhalb des Beschäftigungsspektrums der Bahn neue Wege zu gehen.

Heutige urbane Kulturen mit ihren transkulturellen Angleichungen, die in Supermarktketten jeden Geschmack preisgünstig bedienen, bringen die kleinen Einzelhändler zum Verschwinden. Türkische und italienische Waren sind einerseits inzwischen als Bestandteil des Stuttgarter Lebensstils auch im Supermarkt zu haben. Andererseits haben sich bei der jüngeren Generation die Ernährungsgewohnheiten einander angenähert. So haben mit der Ansiedelung eines Billig-Discounters ein türkisches und ein italienisches Lebensmittelgeschäft in der Nordbahnhofstraße ihre Unternehmungen aufgegeben. Der italienische Laden, der auf Süßwaren spezialisiert war, steht leer und ist noch im Stadtbild vorhanden. Döner- und Pizzaläden bleiben demgegenüber bestehen. Mit Ausnahme des Supermarkts und der Apotheke werden alle Geschäfte im Viertel von Menschen ausländischer Herkunft betrieben.

Im Stadtbild des Viertels sind die Migrationsgeschichte, ihre Veränderungen, die transkulturellen Verschränkungen genauso sichtbar wie Abgrenzungen, ethnische Nischenbildung und Fremdzuschreibungen in den auffallend wenigen Graffiti. Kontinuitäten erkennt man vor allem in der Sozialstruktur des Bezirks als Arbeiterstadtteil und in seiner ökonomischen Nutzung als Umschlag- und Lagerplatz für Waren. Als industrieller Standort ist besonders der innere Nordbahnhofbereich heute weniger gefragt. Vor wenigen Monaten wurde auf den stillgelegten Bahngleisen eine Gedenkstätte zur Erinnerung an die Deportation württembergischer Juden eingeweiht. Auf den Brachflächen um die stillgelegte Wagenhalle haben sich Künstler und Galerien angesiedelt. Aus der Sicht der jungen Migranten stehen sich diese beiden Lebenswelten relativ unverbunden gegenüber. Der innere Nordbahnhof ist ein Gebiet, das sie nach eigenen Angaben nie betreten.

TRANSNATIONALE BIOGRAPHIEN: DIE ARBEIT MIT DEN JUGENDLICHEN

Lebensgeschichten von Migranten sind, auch wenn sie nicht in das Herkunftsland zurückkehren, nicht allein an den aktuellen Wohnort zu binden. Auch wenn sie den Stadtteil, in den sie gekommen sind, prägen und umformen, greifen ihre

Biographien immer über nationale Grenzen und konkrete Orte hinaus und konstruieren neue transnationale relationale Räume. Diesen Verbindungen zwischen Räumen innerhalb und außerhalb Stuttgarts geht die Ausstellung in einer multimedialen Inszenierung nach, die im Kontextbereich der erzählten Familiengeschichten gezeigt wurde. Zwölf Schülerinnen und Schüler der beiden achten Klassen der Rosensteinschule, die alle in Deutschland geboren waren und deren Familien aus sieben Nationen stammten, fungierten als virtuelle Stadtführer während der Fußballweltmeisterschaft. Sie benannten ihre Sicht auf die Stadt, auf Sehenswürdigkeiten und Lieblingsorte und Gegenden, die man besser nicht zeigen sollte. Sie beschrieben das Lebenstempo in der Stadt, erzählten aber auch von den Herkunftsregionen ihrer Eltern und knüpften so den transnationalen biographiegeschichtlichen Raum, auf dessen Folie sie unterschiedliche Identitätspositionen konstruieren.

Screenshot der Multimedia-Inszenierung

Im Zentrum des Ausstellungsprojekts standen zwei Mädchen und vier Jungen im Alter zwischen 14 und 19 Jahren aus der Türkei[9]. Sie alle waren dem ‚Haus 49' schon lange verbunden. Sie hatten an der Hausaufgabenbetreuung teilgenommen, waren Mitglieder der im Stadtteilzentrum angebotenen Jungen- oder Mädchenclubs gewesen, hatten an internationalen Jugendaustausch- und Sportprogrammen teilgenommen.

Die einzelnen Kapitel der Familienbiographien entwickelten sich im Gespräch mit den Jugendlichen. Sie standen nicht von vorneherein fest. Der Ausgangspunkt war die Gegenwart der ‚Autobiographen', die Lebensgeschichten wurden in beide Richtungen verfolgt: Vergangenheit wie Zukunft standen auf dem Programm. Wir

---

[9] In den ersten Monaten waren weitere Jugendliche aus dem Kosovo und aus Afghanistan intensiv beteiligt. Die über ein halbes Jahr dauernde Arbeit erforderte jedoch eine Kontinuität, die einige in ihrer Freizeit nicht aufbringen wollten bzw. die Eltern verboten eine exponierte Herausstellung ihres Kindes.

verständigten uns darauf, für jede Erzählung dieselben Kapitelüberschriften vorzusehen, die individuell mit Inhalten gefüllt wurden: Manche Kapitel gerieten ganz knapp, während andere den Kern der biographischen Erzählung des Autobiographen oder der Autobiographin ausmachten. Zunächst markierten die Erzähler den Ausgangspunkt der familiären Wanderung auf einer Landkarte und berichteten dann im Kapitel ‚Familienwege' über die Reisen der Pioniere ihrer Familie (bis auf eine Ausnahme waren schon die Großeltern nach Stuttgart gekommen). In der nächsten Rubrik ‚Meine Familie' berichteten sie von Lebenslauf und Lebenslagen der Kernfamilie, von Umzügen innerhalb der Stadt ebenso wie von Remigrationen oder Weiterwanderungen in andere Regionen und Länder. Sie konstruierten den transnationalen Raum für ihre realen und virtuellen Wanderungen (das Kommunikationsmittel Telefon spielte dabei eine größere Rolle als das Internet), die sie im Kapitel ‚Mein Leben' beschreiben. In diesem Abschnitt, der den Jugendlichen sehr wichtig war, formulierten sie den Status und die Leistungen aus eigener Sicht – vom Kindergartenbesuch über den schulischen Werdegang bis zu ihren sportlichen Freizeitaktivitäten. Die eigentliche Biographiegeschichte wurde abgeschlossen mit dem Kapitel Erinnerungen, in dem das Familiengedächtnis thematisiert wird. Die Autobiographen beschreiben den Stellenwert, den Erinnerungen in ihrer Familie haben, und wählen zumeist gemeinsam mit Eltern und Großeltern dreidimensionale Objekte aus, die für die Familie retrospektiv von Bedeutung sind. Jeder der ausgestellten Gegenstände stellt andere, neue Verbindungen zwischen dem Leben in der Türkei und in Deutschland her. Häufig sind es ‚Transit'-Objekte, Dinge, die die Pioniere der Familie auf ihrer Reise begleitet haben wie ein kleiner Taschenkoran oder das Schultertuch der Großmutter. Einer Familie ist das deutsche Schulzeugnis und die abgeschlossene deutsche Handwerkerlehre des Vaters wichtig, erste Erfolge in einem Land, dessen Sprache er nicht verstand. Ein Mädchen hat ein eigenes Fotoalbum angelegt, dass das

Erinnerungen: Gefäße für das heilige Wasser aus der Türkei und die ersten deutschen Leistungsnachweise des Vaters

transnationale familiäre Netzwerk zeigt. Durch Abschnittsüberschriften trennt sie die fotographierten Lebensstadien, die dokumentierten Statuspassagen von Cousinen und Geschwistern in der Türkei und in Deutschland voneinander ab.

Insgesamt zeigten sich die Jugendlichen erstaunlich gut informiert über das Leben ihrer Eltern und Großeltern. Sie modellierten die Lebensverläufe zu Erfolgsgeschichten im Ankunftsland. Gelegentlich mussten sie Details zu Hause erfragen und kommentierten das auf diese Weise recherchierte: Dass die Eltern einer Autobiographin sich vor der Heirat gar nicht kannten, die Familien sich aber nicht in der Türkei, sondern in München kennen gelernt hatten und in Deutschland eine türkische Hochzeit feierten, gibt einen Einblick in die transnationale Raumkonstruktionen. Türkische Traditionen der Eheanbahnung wurden über die Räume hinweg beibehalten. Diese Form der Eheschließung nahm die junge Migrantin mit großem Erstaunen und Distanziertheit zur Kenntnis.

In Stuttgart hergestellte Hochzeitskarte

Die übrigen Kapitel der biographischen Erzählung - Stuttgart und ich sowie Menschen in der Stadt - beschäftigen sich mit personalen und räumlichen Netzwerken der Jugendlichen. Sie wählten Fotographien von Lieblingsplätzen aus, die sie ausstellen wollten und erzählten über ihre Beziehungen zu den Menschen in Stuttgart. Dabei wird die Konzentration auf den Stadtteil als *Identitätsanker*[10] deutlich. Den meisten Teil ihres Lebens verbringen sie in ihrem Viertel; sie beschrieben sich selbst als Nordler. Ereignisse und Begegnungen im Stadtteil wurden als charakteristisch für die Mentalität der Einwohner dargestellt. Die Geschehnisse sind „typisch Nord", die Handlungen somit zu Eigenschaften geworden, die dem Ort innewohnen.

---

[10] Ipsen, wie Anm. 2 (S. 109).

Im abschließenden Kapitel ‚Ich träume' werden die Familiengeschichten und eigenen Lebenserfahrungen in die Zukunft verlängert. Hier werden die Chancen für flexible Identitätspositionen in der transnationalen sozialen Raumkonstruktion sichtbar. Die Texte änderten sich mehrfach während der Arbeit an der Ausstellung: Bei Konflikten in Schule oder Elternhaus erträumten sich die Autobiographen ein künftiges Leben in der Türkei, imaginierten das Land, das sie allein aus den Sommerurlauben ihrer Familien kennen, als ihr Zuhause, in das sie zurückkehren wollten – nicht zuletzt, weil ihre persönlichen Kontakte ihnen dort mehr berufliche Chancen zu ermöglichen schienen. Eine Umkehrung der Gastarbeiter-Perspektive deutet sich hier an. Ein anderes Mal wünschten sie sich eine Zukunft in Stuttgart. Viele von ihnen würden gerne jeweils für einige Jahre in beiden Ländern leben.

Die transnationale komplizierte Konstellation unterschiedlicher Normen, Kulturen und Lebensmöglichkeiten stellt für die Autobiographen kaum ein Problem dar, Schwierigkeiten macht vielmehr der von außen an sie herangetragene Zwang, sich eindeutig und eindimensional nationalstaatlich und kulturell zuordnen zu müssen[11]. Da die meisten von ihnen keinen deutschen Pass besitzen, ist ein Leben zwischen Nationalstaaten schon rechtlich erschwert. Die von den Jugendlichen konstruierten ethnoscapes sind aus ihrer eigenen Sicht dagegen tragbare ambivalente Lebensverläufe.

DIE AUSSTELLUNG

Da die Autobiographen und ihre Erzählungen im Mittelpunkt stehen sollten, dienten große Porträtposter als wesentliches Gestaltungsmittel. Die biographischen Texte wurden paarweise hinter einer Vitrine mit den Erinnerungsstücken präsentiert. Ausstellungsabschnitte über die ersten Arbeitsmigranten in der Stadt (unter anderem das Centro Italiano, die erste fremdsprachige Firmenbroschüre, Sicherheitsplakate für türkische Bahnarbeiter), die Geschichte von Sprach- und Schulunterricht für Migranten, interkulturelle Modellprojekte in der Stadt sowie

---

[11] Diese Beobachtung macht auch eine quantitative Untersuchung zur Lebenssituation von jungen Migrantinnen: Boos-Nünning, Ursula/Karakaşoğlu, Yasemin: Viele Welten leben. Zur Lebenssituation von Mädchen und jungen Frauen mit Migrationshintergrund. Münster etc., 2005 (S. 301.).

die Bilder der Migration als Nachricht in den lokalen Medien bildeten den historiographischen Kontext der Ausstellung im ‚Haus 49'.

Die Ausstellung wurde in das Stadtteilzentrum eingebaut und musste in ihren gestalterischen Möglichkeiten auf die anderen Nutzungen Rücksicht nehmen. Zwischen den Bobbycars der Kinderkrippe wurden die Vitrinen und Stellwände vor allem an den Wänden aufgebaut, um genügend Platz für die mehr als 50 Kinder zu lassen, die jeden Tag das Haus aufsuchen. Die Sozialarbeiter und Erzieher der Einrichtung waren anfangs sehr skeptisch, ob die Ausstellung über einen Zeitraum von mehreren Wochen unbeschadet im Haus bestehen könne.

Von der Resonanz waren die Beteiligten positiv überrascht: Neben dem großen Interesse der lokalen Medien kamen vor allem Migranten aus der Stadt sowie Sozialarbeiter aus interkulturellen Institutionen in das ‚Haus 49'. Zu Beschädigungen durch die alltäglichen Nutzer der Einrichtung kam es nicht. Im Gegenteil: Die Kinder und Jugendlichen vom ‚Haus 49', die in der Ausstellung als Personen ja gar nicht vorkamen, führten externe Besucher unaufgefordert durch „ihre" Ausstellung. Die Inkorporation der Ausstellung in eine Einrichtung der Jugendhilfe führte zu einer Identifikation der jungen Migranten mit den Inhalten, den Personen, die alle persönlich kannten, und ihrem Stadtteil, der hier vorgestellt wurde.

VERBUNDPROJEKTE ALS CHANCEN FÜR EINE PARTIZIPATORISCHE INTERKULTURELLE ARBEIT

Die Zusammenarbeit zwischen Historikerin, Sozialarbeitern und Pädagogen machte eine partizipatorische Realisation der Ausstellungsidee überhaupt erst möglich. So konnten die beiden Ziele des Projekts, der Stadt zu dokumentieren, dass Migration Teil ihrer Geschichte und Identitäten sind und den Einwohnern mit Migrationshintergrund zu zeigen, dass das Leben ihrer Familien relevant und Bestandteil der Stadtgeschichte ist, durch den Verbund erreicht werden.

Wie wichtig eine selbstbestimmte Darstellung der eigenen transnationalen Erfahrungen sind, demonstrierte nicht zuletzt der mehrfach vorgetragene Wunsch von Migranten, auch die Lebensgeschichten der sogenannten zweiten Generation, die als Kinder und Jugendliche nach Deutschland kamen, zu dokumentieren oder Flüchtlingsgeschichten als Zwangsmigrationen einzubeziehen.

Die (Re-)Konstruktion von Lebensverläufen führt Migration als historischen Prozess vor, der generative Veränderungen und Kontinuitäten aufweist. Das Schwanken auf den vielen Brücken, die das interkulturelle Leben der Migranten der Enkelgeneration stützen und die sie in beide Richtungen überqueren, aber auch der internalisierte Zwang Vielfalt vereinheitlichen zu müssen, dokumentieren sich in den Träumen und ambivalenten Plänen der jungen Migranten. Eine der in Stuttgart geborenen Autobiographinnen fasst das exemplarisch zusammen:

„Meine Heimat ist die Türkei. Dorthin will ich gehen, wenn ich mit der Schule fertig bin. Wenn ich da bin, werde ich immer sagen, dass ich von Stuttgart bin."

KONTAKT
Dr. Caroline Gritschke
h_storyline
Feuerbacher Weg 6
70192 Stuttgart
Tel.: 0711. 253 7403
E-Mail: caroline.gritschke@t-online.de

Eleonore Hefner
ANELLINO
Geschichte(n) zur Migration in Ludwigshafen

Der Titel

Für Ludwigshafener hat das Wort „Aneliner" einen magischen Klang: „Aneliner" nennt man die MitarbeiterInnen der BASF, der Badischen Anilin- und Soda-Fabrik, der größten Chemiefabrik der Welt, die einen guten Teil der Stadtfläche Ludwigshafens einnimmt.

Die Erzählung „Den Koffer und weg"[1] des italienischen Autor Carmine Abate beginnt in einem Dorf in Kalabrien, aus dem in den 50er Jahren sehr viele Männer Arbeit in der Fremde suchten. In diesem Dorf ist Ludwigshafen „die berühmteste Stadt der Welt". Einer der Jungen, dessen Vater zum Arbeiten nach Deutschland ist, versteht bei den Gesprächen über die Migranten immer nur „anellino" (ital. = Ringlein). So glaubt er, sein Vater stelle weit weg im Norden in einer Fabrik Ringe her. Diese Geschichte lieferte den Titel für das Ausstellungsprojekt ANELLINO des Kultur Rhein-Neckar e.V. (KRN) in Ludwigshafen.

Warum

„Was bedeutet Geschichte als Quelle für Identifikation und Identität in einer Gesellschaft, in der Menschen ganz unterschiedlicher Herkunft und Kultur zusammenleben? Wahrscheinlich werden sich die Hinzugekommenen auf ihre Weise die Geschichte zu eigen machen, und gemeinsam werden wir einst eine neue, gemeinsame Geschichte erzählen."[2]
Johannes Rau

Schon seit seiner Gründung im Jahre 1995 hatte der Kulturverein (KRN) viele unterschiedliche interkulturelle Projekte realisiert. In den letzten Jahren war zunehmend das Interesse an einer Auseinandersetzung mit der Geschichte der Einwanderung in Deutschland gewachsen. Mit großem Interesse hatte man die bundesweit geführte Debatte um ein Migrationsmuseum für Deutschland, bzw.

---

[1] Carmine Abate, Lisa und die nahe Ferne, München, Wien, 1999, S.134-175.
[2] Johannes Rau in der Eröffnungsrede zum 44. Deutscher Historikertag in Halle/Saale.

um die museale Thematisierung von Migration verfolgt[3]. Auslöser für das Projekt ANELLINO war das anstehende Jubiläum von 50 Jahren Migrationsgeschichte. Am 20. Dezember 1955 wurde der erste Anwerbevertrag der Bundesrepublik Deutschland mit Italien unterzeichnet. 2005 würde man auf ein halbes Jahrhundert der Arbeitsmigration zurückblicken.

Zwar gibt es ein halbes Jahrhundert nach dem Beginn der Bemühungen der deutschen Regierung um die Anwerbung von Arbeitern vor allem aus dem Mittelmeerraum einen breiten Konsens darüber, dass in Deutschland zum Ein- (oder Zu-)wanderungsland geworden ist. Auf der Ebene der Geschichtsbetrachtung wurde und wird diese gesellschaftliche Entwicklung nur zögernd reflektiert. Mit ANELLINO wollte KRN sich einem Kapitel der lokalen Geschichte zuwenden und damit zum Verständnis der Stadthistorie als Geschichte einer Einwanderungsstadt mit einem Ausstellungsprojekt beitragen. Im Selbst-Bewusstsein der Stadt hat diese gemeinsame Geschichte bislang wenig Raum, wenig Formen, wenig Symbole. Im Stadtmuseum ist diese neuere Stadtgeschichte insgesamt bislang in keiner Weise repräsentiert, die Geschichte der Einwanderung wird in keiner Weise sichtbar und auch im Stadtarchiv findet man nur wenige Dokumente. Das Thema Migration wird nur rudimentär und zufällig behandelt. Für die Gegenwart der Region und besonders auch der Stadt Ludwigshafen war und ist die Arbeitsmigration ab der Mitte des letzten Jahrhunderts aber in entscheidendem Maße prägend. Erinnern ist eine unverzichtbare Form der Selbstvergewisserung. Die Erarbeitung der Migrationsgeschichte ist ein Akt der Wahrnehmung und die Anerkennung von

---

[3] Auf einer ersten internationalen Tagung im Oktober 2002 in Brühl, die DOMiT gemeinsam mit der Bundeszentrale für politische Bildung und in Zusammenarbeit mit dem Netzwerk Migration in Europa e.V. durchführte, unterstrichen Migrations- und Museumsexperten erstmalig auf einer gemeinsamen Plattform die Notwendigkeit eines Migrationsmuseums im Einwanderungsland Deutschland. Vom 17.-19. Oktober 2003 schließlich trafen in Köln erneut Wissenschaftler, Praktiker der Museumsarbeit, Kulturschaffende, Politiker und Publizisten zur 2. internationalen Tagung unter dem Titel: "Ein Migrationsmuseum in Deutschland: Thesen, Entwürfe, Erfahrungen" zusammen. Die von DOMiT und dem Netzwerk Migration in Europa gemeinsam ausgerichtete Konferenz hatte vor allem das Ziel, die konzeptionellen Voraussetzungen für die Errichtung eines Migrationsmuseums im Kreis von Experten aus dem In- und Ausland zu diskutieren. Die Konferenz wurde von der Kulturstaatsministerin, der Bundeszentrale für politische Bildung, der Robert Bosch Stiftung und dem US Generalkonsulat NRW in Köln unterstützt. Ende September 2003 wurde der Verein "Migrationsmuseum in Deutschland" gegründet.

Zugehörigkeit. So ist die Bewahrung der Geschichte der Arbeitsmigration nicht nur eine Voraussetzung zur Bewältigung und Gestaltung der Gegenwart sondern sie ist auch für einen Entwurf der Zukunft nötig[4].

Für die Nachkommen der ersten Generation ist die Geschichte der Einwanderer, die Lebensgeschichte der Eltern und Großeltern, in besonderem Maße bedeutend. Viele der Kinder und Enkel, die, obwohl sie in Deutschland geboren wurden, immer noch als „Ausländer" angesprochen werden, können die Migrationsgeschichte der Eltern und Großeltern kaum noch nachvollziehen. Auch für ihr Selbstbewusstsein und ihre Zukunftserwartung ist die historische Vergewisserung von Belang. Sie brauchen diese Geschichte(n) für die eigene Identitätsentwicklung. Nicht nur für die Protagonisten der ersten Stunde, auch für ihre Nachkommen ist die öffentliche Wahrnehmung und Würdigung des Mutes und der Wagnisbereitschaft ihrer Eltern und Großeltern wichtig,

VON WEM – FÜR WEN – GESCHICHTE SCHREIBEN?

Die Migrationsgeschichte, ausgehend von den Lebensgeschichten der Einwanderer sollte als Teil der Stadtgeschichte repräsentiert werden. Für den Kulturverein war es von Anfang an wichtig, dass das Projekt ANELLINO Geschichten der Geschichte der Italiener in Ludwigshafen erzählen sollte. Die betrachteten 50 Jahre können je nach Perspektive ganz unterschiedlich gesehen und dargestellt werden. Statt einer fragwürdigen Objektivität entschied sich das Projektteam für das Zutagefördern und die Sicherung subjektiver Geschichten. Dafür sprach auch die Tatsache, dass Sammeltätigkeiten nicht längeren Aufschub dulden, weil Zeitzeugen auch von ihrer Zeitlichkeit eingeholt werden. Das Projekt war so von Beginn an als Collage angelegt, es wurden Puzzlestücke gesammelt, die in ihrer Gesamtheit eine offene Geschichte am (vorläufigen) Ende, präsentiert in einer Ausstellung, ergeben sollten. Diese Geschichte kann man dann als Puzzle für ein größeres Puzzle verstehen, dessen endgültige Form nicht festgelegt werden kann.

---

[4] Vgl. hierzu auch: Motte, Jan/Ohliger, Rainer: Geschichte und Gedächtnis in der Einwanderungsgesellschaft. Migration zwischen historischer Rekonstruktion und Erinnerungspolitik, Essen 2004; und von Oswald,Anne/Ohliger, Rainer/Motte, Jan: 50 Jahre Bundesrepublik - 50 Jahre Einwanderung. Nachkriegsgeschichte als Migrationsgeschichte, Frankfurt am Main/New York 1999.

Das war eine Absage an einen nicht zu erfüllenden umfassenderen Anspruch, es war aber auch die Entscheidung für eine Auseinandersetzung jenseits einer offiziellen Geschichtsschreibung für eine bewusste und kreative Auseinandersetzung mit der Geschichte der Migration – mit den Beteiligten und Betroffenen, mit den Subjekten dieser Geschichte. Ziel war nicht eine Ausstellung über Italiener in Ludwigshafen, sondern ein Forschungsprozess, bei dem die Protagonisten dieser Geschichte Mitforscher sein sollten. Naheliegend war eine Orientierung am Ansatz der Oral History[5], der sich bemüht, die Geschichtsschreibung um typische Alltagsgeschichte zu ergänzen. Die Befragung von Zeitzeugen wird seit den 1960er-Jahren auch im deutschen Sprachraum vor allem für die Lokal- und Sozialgeschichte angewandt. Dabei werden persönliche Geschichtserfahrungen, Wahrnehmungen und subjektive Einschätzungen als wichtige Ergänzung zur systematischen Geschichtsforschung geschätzt.

DER ANFANG. ERSTE REAKTIONEN.

Vor diesem Hintergrund begab sich Kultur Rhein-Neckar seit 2003 auf die Spuren der Arbeitsmigration. Das Vorhaben stieß in allen ersten Gesprächen auf positive Resonanz. In der italienischen Gemeinde wurde über die Idee geredet: Viele waren (und sind es immer noch) darüber erstaunt und auch fasziniert, nach ihrer Geschichte gefragt zu werden. Es wurden aber auch unmittelbar Bedenken geäußert. Lange und oft wurde diskutiert, ob eine Ausstellung „nur" zur italienischen Migrationsgeschichte sinnvoll sei, ob man dadurch nicht eine nicht angemessene Exklusivität herstelle, die nicht angemessen sei. Sei es nicht wichtiger, die Gemeinsamkeiten zwischen den verschiedenen Einwanderergruppen deutlich zu machen? Die Entscheidung, sich auf die italienischen Gemeinden zu beschränken, folgte der Einsicht, dass in der spezifisch italienischen Geschichte auch die Gemeinsamkeiten mit den anderen Migrationsgeschichten sichtbar werden würden.

Die Methode der Zeitzeugenbefragung wurde grundsätzlich diskutiert. Welche Bedeutung hat das subjektive Erleben, wo sind die Grenzen, wo ist anderes Material unverzichtbar? Wie schaut es aus mit der Frage des Respekts bei Interpretatio-

---

[5] Niethammer, Lutz: Lebenserfahrung und kollektives Gedächtnis. Die Praxis des Oral History. Frankfurt am Main, 1980.

nen von Interviews? Wer ist überhaupt bereit, seine Lebensgeschichte einer größeren Öffentlichkeit zu erzählen? Welchen Schutz muss man der Privatheit gewährleisten?

VORGEHEN. KOOPERATIONEN. METHODISCHE FRAGEN.

Die Frage der Methode begleitete die Recherchephase, sie wurde im Prozess beantwortet und veränderte sich auch mit dem Forschungsstand. Der Kulturverein, in dem neben einer Hauptamtlichen nur Freiwillige arbeiten, begann Unterstützung zu suchen. Die Zusammenarbeit mit den Fachstellen der Stadt war wichtig, mit dem Stadtmuseum und dem Stadtarchiv wurden unverzichtbare Partner gewonnen. Weitere wichtige Kooperationen ging der Verein in der Vorbereitungsphase mit der Evangelischen Akademie Speyer und der Pädagogischen Hochschule Heidelberg ein. Der Kontakt zur (ehemaligen) Beratungsstelle für Italiener der Caritas und vor allem zu den Selbstorganisationen der italienischen Gemeinde war von grundlegender Bedeutung – war es doch erklärtes Ziel, nicht über Migranten zu berichten, sondern Migranten berichten zu lassen und so mit ihnen gemeinsam ihre Geschichten öffentlich zu machen. Gleichbedeutend für das Projekt war die Vorbereitung und die Durchführung der Ausstellung. Welche Art von Geschichtsforschung ist einem solchen Vorhaben angemessen? Neben der Orientierung an oral history schien der Ansatz ästhetischer Forschung[6] adäquat, der Alltagserfahrungen und die alltäglichen Dinge des Lebens mit Kunst und Wissenschaft kombiniert.

Die Recherchen begannen mit der Kontaktaufnahme[7] zu den Selbstorganisationen der italienischen Gemeinde und mit der Durchführung von Video-Geschichtswerkstätten („Spaghettibande"). Drei Schülergruppen trafen sich jeweils über einen Zeitraum von sechs Monaten, um Interviews zu führen und zu filmen. Sie befragten italienisch-stämmige FreundInnen und deren Familien sowie PassantInnen auf der Straße. Sie wollten wissen, wie viele Verwandte die Migran-

---

[6] Kämpf-Jansen, Helga: Ästhetische Forschung, Wege durch Alltag, Kunst und Wissenschaft - Zu einem innovativen Konzept ästhetischer Bildung, Salon Verlag 2000.
[7] Hier war es sicher sehr hilfreich, dass der KRN bereits über viele Jahre mit den italienischen Kulturvereinen vernetzt ist.

tInnenkinder in Italien haben, wie oft sie hin fahren und wie viel die Deutschen über die EinwanderInnen wissen. Die Filme wurden im Offenen Kanal Ludwigshafen produziert und gezeigt. Im Wintersemester 2004/2005 und im Sommersemester 2005 wurden zusammen mit der Dr. Georg Wenz, Evangelischen Akademie Pfalz und Dr. Bettina Alavi von der Pädagogischen Hochschule Heidelberg Zeitzeugenseminare für Lehramtsstudierende der Geschichte angeboten. In den Seminaren wurden grundlegende Fragen erörtert: Wann sollten Gespräche auf Tonträger aufgezeichnet werden, wann transkribiert, wann genügten Stichwortaufzeichnungen, wann war eine Aufzeichnung von Gesprächen mit Video hilfreich?

Wie sollten die Gespräche geführt werden, sollte ein durch Fragen gelenktes Erinnerungsinterview geführt werden, sollten die Erinnerungsarbeit durch möglichst wenige, offene Fragen und Raum für Spontanität, angeregt werden oder sollten Erinnerungsstützen (Tagebuch, Fotoalben, persönliche Sammelobjekte etc.) verwendet werden? Nach einer medial vielfältigen Informationsphase (mit Fachvorträgen, Filmanalysen, Gedichten und Fachliteratur) erarbeiteten die Studierenden Leitthemen für Interviews und führten schließlich Interviews, die gefilmt, transkribiert und ausgewertet wurden.

Neben diesen studentischen Arbeiten wurden verschiedene andere Interviewformen gewählt. Auch die Art der Nachbereitung (Analyse der Geschehnisse, Prüfen auf Wichtigkeit und Schlüssigkeit, Umgang mit Widersprüchen und Vorurteilen) wurde im Verlauf des Projekts verschieden gelöst. Ressourcen, um diesen Prozess genauer festzuhalten und ihn systematisch zu evaluieren, gab es leider nicht. So kann man nur allgemein festhalten, dass die Fragestellung und Fokusierung sich recht schnell in einem überschaubaren Themenkreis entwickelte.

Eins der nicht erwarteten Ergebnisse des Forschungsprozesses war die andauernde starke Verbundenheit mit dem Herkunftsort. So wurde während dieses Prozesses deutlich, dass es nicht ausreichte, MigrantInnen in Ludwigshafen zu befragen, dass damit nur ein Teil der Migrationsgeschichte erforscht werden konnte. Schließlich fuhr im September 2005 eine Gruppe aus Studenten, Wissenschaftlerinnen, Pädagogen und Filmemachern sowie eine Künstlerin für eine Woche nach Cattolica Eraclia (Sizilien), wo viele Ludwigshafener MigrantInnen ihre Wurzeln haben. Die Ergebnisse der Reise – ein Dokumentarfilm von Jürgen Schaaf und Georg Wenz[8] und eine künstlerische Installation von Ursula Steuler[9] wurden Teile der Ausstellung, ebenso wie zwei weitere Videocollagen zum Thema Heimat und Familie, die Studentinnen und Studenten in den Seminaren von Prof. Dr. Bettina Alavi an der Pädagogischen Hochschule Heidelberg erstellten.

Für das Ausstellungskonzepts ergab sich die Grundstruktur und Gliederung in die Themen: Abreise / Ankunft / Wohnen / Arbeiten / Familie / Kulturelle Traditionen (Religion) / Bildung. Die Notwendigkeit, angesichts knapper Ressourcen, sich auf wenige Themen zu beschränken, erwies sich auch ausstellungsdidaktisch klug. Die Entscheidung der Caritas, zeitgleich eine Ausstellung zum Thema Beratung zu machen, erleichterte die Arbeit und kam auch dem ursprünglichen Plan einer Ausstellung an verschiedenen Orten in der Stadt nahe. Die einzelnen Themen wurden zum Teil inszeniert (so konnte man in ein Zugabteil und in eine Wohnbaracke blicken[10]), durch Pressedokumentationen erschlossen, mit Fotos, Statistiken, Gedichten und unterschiedlichsten Artefakten dargestellt. Jede Themeninsel bot die Möglichkeit, verschiedene Medien und Herangehensweisen an das jeweilige Thema zu finden. Im Zentrum der Ausstellung befanden sich Hörinseln, wo man den Geschichten von Männern und Frauen mehrerer Generationen lauschen (wahlweise in italienischer oder deutscher Sprache) und dabei in Fotoalben blättern konnte.

---

[8] Cattolica - Arrivo! - Eine Reise in die Heimat! - Dokumentarfilm, Deutschland / Italien, 2005. Ein Film von Jürgen Schaaf und Georg Wenz. Co-Produktion von elkmedia – Evangelische Akademie der Pfalz - Medienwerkstatt im Prot. Dekanat Germersheim. Mit Unterstützung von Ital-Uil Germania e.V. und Kultur Rhein-Neckar e.V.

[9] Im Rahmen der Ausstellung Anellino hat die Mannheimer Künstlerin Ursula Steuler eine Installation mit dem Titel „Heimatzauber – Vom schweren Umgang mit dem Leichten" geschaffen. In Cattolica Eraclea traf Ursula Steuler Migranten, die nach Jahrzehnten in die alte Heimat zurückgekehrt waren und dort dann aber vom Rathauscenter in Ludwigshafen schwärmten. In der „Villa Paradiso" bestaunte sie Heiligenfiguren, die Auswanderer in Kanada und Nordeuropa für das Heimatdorf gestiftet haben. Dieser starke Verbundenheit zu beiden Heimaten beeindruckte die Künstlerin und sie verarbeitete diese Eindrücke mit einer Installation, die mit bekannten Klischees - ein Nudelhimmel, die nationalen Farben – arbeitet, diese aber durchaus auch bricht.

[10] Die Einrichtung dieser Inszenierungen übernahm Michael Volkmer. Zusammen mit Rainer Grönhagen sorgte er für die technische Umsetzung. Beide rückten die Ausstellung ins rechte Licht.

WIRKUNG

Die Ausstellung war vom 5. Dezember 2005 bis April 2006 (incl. Verlängerung) im Stadtmuseum Ludwigshafen zu sehen. Ein umfangreiches Begleitprogramm mit Musik, Literatur, Vorträgen und Filmen wurde von über 10.000 Besuchern gerne zur Information, zum Erinnern und zum Austausch genutzt. Noch nie waren so viele Einwanderer in einer Ludwigshafener Kultureinrichtung. Sehr schnell kam der Wunsch, doch auch die Geschichte anderer Gruppen darzustellen. Aus Italien reisten der Bürgermeister von Cattolica Eraclea und die Bürgermeisterin von Carfizzi an, um die Ausstellung zu besuchen.

Ein Anfang zur Dokumentation der Arbeitsmigration in Ludwigshafen ist gemacht! Die Veranstalter hoffen, zur Geschichtsforschung ermuntert zu haben! Das scheint auch der Wille vieler Besucher zu sein. Ans Ende sei hier der Eintrag ins Gästebuch von Stefano Mangiapane gestellt:

„Es kann nicht jeder von sich sagen, sich selbst nach 50 Jahren wiederzusehen, noch dazu in einem Museum [...]

Vielleicht verstehen heute noch nicht einmal die eigenen Kinder, so wie es damals viele nicht verstanden haben, dass diese Arbeitskräfte auch Menschen waren. Heute nach 50 Jahren gibt es diese Anerkennung, und das merkt man an vielen herzlichen und freundschaftlichen Zeichen. [...] Auf Wiedersehen in einem Erinnerungsmuseum."

KONTAKT

Eleonore Hefner
Kultur Rhein-Neckar e.V.
Brucknerstr. 13
67061 Ludwigshafen
Tel.: 0621. 567266
Fax: 0621. 562970
E-Mail: info@KulturRheinNeckar.de
WEB: www.KulturRheinNeckar.de

RICHARD NAWEZI

„MUTOTO CHAUD": AKROBATIK- UND THEATER-SHOW. EIN DEUTSCH-KONGOLESISCHES KOOPERATIONSPROJEKT ALS BRÜCKENBAUER ZWISCHEN DEN WELTEN.

WAS IST MUTOTO UND WELCHE NACHHALTIGEN POTENTIALE VERBINDEN SICH MIT DEM „WORK-IN-PROGRESS"-KONZEPT?

Mutoto ist Swahili und bedeutet *Kind*. Den Verein Mutoto e.V. gibt es seit 2000 und wir unterstützen kongolesische Kinder und Jugendliche aus der demokratischen Republik Kongo. Wir arbeiten in unserem Verein, der ungefähr 70 Mitglieder hat, hauptsächlich in zwei Schwerpunkten: Es gibt den Bereich der sozialen Aktivitäten, der Hand in Hand geht mit den künstlerischen Aktivitäten. Kurz gesagt bedeutet das, dass wir Kunst als eine Perspektive und einen Impulsgeber für Straßenkinder im Kongo sehen.

Werfen wir einen kurzen Blick auf das soziale Engagement: Mutoto unterstützt bestehende Einrichtungen für Kinder in Lubumbashi, zum Beispiel finanzieren wir Anschaffungen oder geben Gelder für die Gehälter von Personal. Der Verein hat aber auch von vorne herein das Ziel gehabt, selbst vor Ort aktiv zu sein. Mutoto baut zurzeit ein eigenes Kinderzentrum auf, in dem es auch eine Schule geben soll. Bereits im Sommer wird das erste Haus eingeweiht.

Der zweite Fokus des Vereins ist die künstlerische Arbeit. Im Verein selbst gibt es Menschen, die Künstler sind oder sich für die künstlerische Arbeit interessierten. Daraus hat sich dieser Schwerpunkt entwickelt. Mutoto e.V. ist natürlich nicht nur in Deutschland aktiv, denn genauso intensiv wie in Deutschland wird auch im Kongo gearbeitet. In Lubumbashi arbeiten wir mit Künstlerinnen und Künstlern aus unterschiedlichen Bereichen zusammen. Mit seiner Arbeit will der Verein Mutoto e.V. die sozialen Ungleichheiten und die individuellen Ungleichheiten bekämpfen, wobei Kultur als ein Weg dazu angesehen werden kann.

Ein weiterer wichtiger Aspekt innerhalb der Vereinsarbeit ist die partnerschaftliche Zusammenarbeit zwischen Schulen. Mutoto vermittelt Kontakte zwischen deutschen und kongolesischen Schulen. Wir begleiten und initiieren Schulprojekte zu Medien, Kultur, Kunst oder Solarenergie. Gerade durch die Zusammenarbeit mit den Schulen haben wir bemerkt, wie wichtig die Öffentlichkeitsarbeit in Deutschland ist. Denn die Art und Weise, wie wir normalerweise von den Medien über Afrika informiert werden, ist sehr einseitig. Oftmals wird vieles durch eine „weiße Brille" gesehen. Ich denke aber, diese Dinge müssen stärker differenziert werden.

Eine andere wesentliche Aufgabe ist die der Netzwerkbildung. Mutoto hat schon viele Verbindungen zu Kooperationspartnern auf lokaler und überregionaler Ebene geschaffen, mit denen wir bereits eine Art Netzwerk aufgebaut haben. Darunter sind Vereine, Schulen, aber auch Firmen und viele Privatpersonen. Wichtig ist aber auch die Zusammenarbeit mit Nicht-Regierungsorganisationen. Dann gibt es auch noch den politischen Bereich, der in der Zukunft wichtig sein wird, im Kongo selbst, aber gerade auch in der Beziehung zwischen dem Kongo und Deutschland. Denn so verstehe ich diese Arbeit: als Brückenbau zwischen beiden Ländern. Dazu gehören zum Beispiel die Kontakte zur deutschen Botschaft im Kongo, aber vor allem auch weitere Kontakte zu Nicht-Regierungsorganisationen innerhalb des Landes.

Richten wir die Aufmerksamkeit auf die von Mutoto e.V. initiierte Gruppe ‚Mutoto Chaud'. Sie ist eine Akrobatik- und Theatergruppe aus Lubumbashi, einer Millionenstadt im Südosten der Demokratischen Republik Kongo (DRC). Diese Gruppe setzt sich zusammen aus ehemaligen Straßenkindern und jungen Künstlern aus einem Viertel der Stadt Lubumbashi. Das Programm von ‚Mutoto Chaud' setzt sich aus zwei Teilen zusammen: Einem Theaterstück über das Leben von Kindern auf der Straße und einer Akrobatikschau.

Mit diesem Programm war die Gruppe Mutoto Chaud vom 10. September bis zum 13. November 2005 in Deutschland mit einer großen Theatertournee zu Besuch. Sechs Wochen machte die Gruppe in Münster Station, in dieser Zeit wurde von den kongolesischen Kindern und Jugendlichen ein Programm mit Auftritten, Workshops, Begegnungen und Projekten absolviert.

MUTOTO CHAUD IN DEUTSCHLAND

Wie wirken nun diese Kulturprojekte auf die Menschen hier in Deutschland? Während der Tournee von ‚Mutoto Chaud' sind wir vielen Menschen begegnet.

Kleine, die offen für Eindrücke jeder Art waren und Große, die schon längst etwas über die Realität in Afrika wissen sollten und vor allem Menschen und Schulklassen, die sich mit Leib und Seele für eine gerechtere Welt einsetzen. Lehrer und Schulklassen, die schon mal etwas von der Diversität Afrikas, seinem Reichtum, seinen Menschen und seinen Problemen und deren Ursachen gehört haben, die hinter den Kulissen einer unzulässig grob vereinfachten Realität liegen und diese bestimmen.

INDIVIDUELLE TRANSFORMATION

Welche Auswirkungen hat es, eine Gruppe wie ‚Mutoto Chaud' hier zu präsentieren? Die Begegnung der Jugendlichen von ‚Mutoto Chaud' und den deutschen Schulkindern ist ein Beitrag zur interkulturellen Verständigung. Wie es in vielen verschiedenen Situationen zu erkennen war, sind die Kinder nur die Leidtragenden und die Repräsentanten einer Medienlandschaft, die den afrikanischen Kontinent entweder als Erfüllung aller romantischen Träume von Wildnis oder als Heimat des Bürgerkriegs und des Konfliktes an sich hinstellt. Ich denke, dass Kinder, die eine reale Erfahrung mit ‚Mutoto Chaud' gemacht haben, viel immuner gegen Propaganda irgendeiner Art sind, denn sie können auf eine sehr positive Erfahrung zurückgreifen. Sie wissen, dass Austausch mit all den Barrieren, die manchmal zu überwinden sind, Spaß macht und bereichernd ist. Gerade aus diesen Gründen sind solche interkulturellen Begegnungen in Form eines gleichberechtigten Austausches so wichtig. Auch wenn mich die Feststellung gruselt: „*Ich habe heute gelernt, dass man von Ausländern auch was lernen kann*" (Michelle, 11 Jahre), zeigt sie gerade, wie wichtig solche Begegnungen für die weitere interkulturelle Biographie von Kindern sein können. Immer wieder war ich überrascht über die Leichtigkeit, mit der Kinder Kontakte geknüpft und Freundschaften geschlossen haben - einfach so mit einem Lachen, kein Vorurteil und keine Ängste standen ihnen im Weg.

MUTOTO CHAUD IM KONGO

Wie sieht die Arbeit von Mutoto im Kongo aus? Unsere Akteure sind Kinder und Jugendliche, die in Armut leben. Ziel ist die individuelle Transformation von perspektivlosen verunsicherten jungen Menschen hin zu selbstbewussten und selbstsicheren Individuen. Durch Kultur wollen wir die Perspektivlosigkeit aufheben. Gedacht ist auch daran, durch Kulturprojekte soziale Unterschiede tendenziell auszugleichen und die Kinder von der Straße zu holen. Für die Kinder findet auch ein Wandel vom Alleinsein zu gemeinsamem Handeln statt, Kultur kann hier ähnlich einer Therapie wirken. Mutoto e.V. versteht Kultur durchaus auch als ökonomischen Faktor, denn Kulturaktivitäten können so organisiert werden, dass die Beteiligten davon leben können. Die Künstlergruppe ‚Mutoto Chaud' entwickelt dafür Vorbildcharakter.

MUTOTO ALS IMPULSGEBER

Einige der Mitglieder von ‚Mutoto Chaud' wurden vom Verein beauftragt, ihr Können an andere weiterzugeben. In diesem Fall heißt es konkret, die Akrobaten und Musiker haben bereits ihre Arbeit in verschiedenen Kinderhilfseinrichtungen aufgenommen und unterrichten den Tanz „Brakka" und Akrobatik beispielsweise in Heimen für Straßenkinder. Im Grunde genommen hat Mutoto von außen ein

Konzept vorgegeben. Dieses Konzept führte dazu, dass dessen Impulse selber von den Menschen übernommen wurden, woraus sich ein eigenes Selbstbewusstsein gebildet hat, was auch nach außen getragen wird. Aus diesen Menschen wiederum werden dann Multiplikatoren, die den Impuls, den sie selber bekommen haben, auf individueller Ebene weiter geben. Die jungen Trainer bekommen im Moment kein Honorar, aber eine Schule in Marburg will jetzt die Honorare für sie organisieren.

Darauf aufbauend ist nun ein neues Projekt künstlerischer Natur geplant: Ein Brakka-Festival[1] in Lubumbashi. Über das „Brakka-Projekt" in Lubumbashi wollen wir zu einer sozialen Transformation gelangen. Also ist mit der künstlerischen Produktion ein soziales Projekt von Mutoto e.V. verbunden, mit dem Straßenkinder und Jugendliche in Lubumbashi unterstützt werden sollen. Wichtig aber ist bei sozialer Transformation natürlich auch das soziale Umfeld. Soziales Umfeld heißt, dass die große Region in der man lebt, sich in der Ökologie und Ökonomie verändert. Dabei erreicht man den Punkt, dass eine ganze soziale Gruppe vom Zustand der Armut zum Zustand der Nicht-Armut gelangt. Das heißt, es ändern sich die Perspektiven nicht nur für die betroffenen Jugendlichen, sondern für deren gesamtes Umfeld. Mutoto e.V. ist Teil eines sozialen Transformationsprozesses, der im Kongo passiert. Vor allem, wenn man weiß, dass in vielen Städten Kongos 70% der Menschen arbeitslos sind.

Im Juni/Juli 2006 wurden in Lubumbashi konkrete Vorbesprechungen vorgenommen. Ich reiste nach Lubumbashi, um mir vor Ort anzusehen und mich darüber zu informieren, wie weit die kongolesischen Künstler mit ihrer Arbeit waren. Es sollte dort zunächst ein kleines Festival geben, auf dem sich die unterschiedlichen Kindergruppen mit ihren Ideen und Ergebnissen präsentieren konnten. In der Planungsphase wurde von unseren Partnern in Lubumbashi der geeignete Zeitraum für das Brakkafestival vorbereitet.

---

[1] Brakka ist ein alter, kongolesischer Tanz, der schon fast vergessen war. Die Musik ist sehr vielseitig und wird von ‚Mutoto Chaud' im Programm aufgriffen.

Perspektiven und Schlussfolgerung

Diese Tournee ist auf Initiative von Mutoto e.V. entstanden. Möglich gemacht hat sie eine ganze Reihe von Kooperationspartnern. Neben dieser Netzwerkbildung erhofft sich der Verein Mutoto e. V. von den Begegnungen mit Kindern und Jugendlichen aus dem Kongo eine große Öffentlichkeit für die Themen globale Verantwortung, interkulturelles Lernen und die Situation in Afrika, besonders im Kongo. Das Medienecho auf den Besuch der Kongolesen in Münster war groß. Nicht nur die örtlichen Medien, auch der WDR Köln und das ZDF brachten Beiträge über ‚Mutoto Chaud' und somit auch über die Ziele ihres Besuchs. Sehr viele Institutionen in Münster waren an dieser Begegnung beteiligt. Dazu zählen Schulen, mit denen es einen weiteren kontinuierlichen Austausch gibt, Ämter, das Stadttheater, das Theater im Pumpenhaus, Cactus, der Lion's Club (mit der Trommelgruppe St. Mauritz), Inner Wheel sowie Soroptimist International. Darüber hinaus gab es ein weitreichendes bürgerschaftliches Engagement nicht nur der Vereinsmitglieder.

Die Kinder und Jugendlichen haben über den geplanten Rahmen hinaus zahlreiche Kontakte geknüpft. Begegnungen von Mensch zu Mensch standen dabei im Mittelpunkt. Begegnungen, die zu echtem und gleichwertigem Austausch untereinander führten, wo gemeinsam gelebt wurde. Für die Arbeit von Mutoto e.V. hat der Besuch große Veränderungen gebracht. Man sieht nun, wofür man arbeitet. Menschen, von denen man vorher nur die Namen kannte, haben jetzt ein Gesicht bekommen - jetzt ist der persönliche Bezug da.

Mutoto Chaud

Für die Beteiligten bot die Tournee die besondere Gelegenheit, Deutschland und die Menschen hier kennen zu lernen. Im Nachhinein wurde von allen immer besonders positiv bewertet, dass sie hier das Leben in deutschen Familien kennen gelernt haben. Sie haben die Wirklichkeit in Deutschland und die Gesellschaft hier aus ihrem ganz eigenen Blickwinkel gesehen. Als Erfolg und Perspektive der Initiative ist aus meiner Sicht ganz deutlich zu unterstreichen, dass die Kinder und Jugendlichen von ‚Mutoto Chaud' hier in Deutschland ihre Kultur und ihr Land repräsentiert haben – das taten sie mit großem Stolz. Und: sie haben dazu beigetragen, vorhandene Klischees über Afrikaner in Frage zu stellen.

Kontakt

Richard Nawezi
Herma-Kramm-Weg 16
48147 Münster
E-Mail: nawezi@kitunga.de
WEB: www.mutoto.de und www.kitunga.de

ULRIKE OSTEN

UNDER CONSTRUCTION - LEBENSGESCHICHTEN VON MIGRANTEN IN BREMER UNTERNEHMEN

EIN FORSCHUNGS- UND AUSSTELLUNGSPROJEKT IM STUDIENGANG KULTURWISSENSCHAFT DER UNIVERSITÄT BREMEN

VOM CAMPUS IN DIE PRAXIS

Über 30 Studierende beteiligten sich im Wintersemester und Sommersemester 2004/2005 an einem ethnologischen Studienprojekt ganz besonderer Art zu Arbeit und Migration. Neben einer kulturwissenschaftlichen Auseinandersetzung mit dem Thema, sollten die gewonnenen Erkenntnisse der Bremer Öffentlichkeit in Form einer Ausstellung präsentiert werden. Von Anfang an war ein wesentlicher Bestandteil des Projekts der Prozess, wie man mit wissenschaftlichen Methoden erhobene Erkenntnisse einem breitem Publikum zugänglich und verständlich macht. Mit diesem Ansatz betrat der Studiengang Neuland. Zwar hatte es schon diverse Praxisvorhaben gegeben, doch diese Dimension, die auch die Vermittlung des nötigen Handwerkzeuges von Beginn an mitdachte, war ungewöhnlich. Nicht nur wurden die angehenden Kulturwissenschaftler auf mögliche Tätigkeitsfelder im späteren Berufsleben vorbereitet: Der gelungene Theorie-Praxis-Transfer war ausschlaggebend dafür, sich als ein Projekt im Rahmen von ‚Bremen - Stadt der Wissenschaft 2005' präsentieren zu können.

Sieben Dozentinnen und Dozenten betreuten das Vorhaben in verschiedenen Lehrveranstaltungen. Als Kulturwissenschaftlerin, die mit der Agentur kulturräume im Ausstellungsbereich und in der Realisierung von Kulturveranstaltungen arbeitet, war ich für den Praxispart zuständig. In mein Aufgabengebiet fiel die Konzeption der Ausstellung, die Projektkoordination, Fundraising sowie Presse- und Öffentlichkeitsarbeit.

MIGRATION HAT VIELE GESICHTER

In den Debatten der letzten Jahre um Zuwanderung und Integrationsfragen ist immer wieder abstrakt von Flüchtlingsströmen und Wanderungswellen die Rede. Das Ringen darum, sich endlich auch offiziell als Einwanderungsland zu bekennen, zeugt von einem zähen Prozess, der sich vielfach in politischen Kreisen und der Berichterstattung in den Medien abspielt, aber wenig mit dem Alltag der Menschen in der Bundesrepublik zu tun hat. Noch immer herrscht das Bild vom Migranten als ungelernter, männlicher Gastarbeiter aus dem Süden, der am Fließband arbeitet.

Angeregt durch Ausstellungen wie „Türkiye´den Berlin'e: Wir sind die nächsten... Ausstellung von Menschen aus der Türkei über ihr Leben in Berlin" 2001 vom Kreuzberg Museum realisiert, entstand die Idee zu zeigen, dass Migration im 21. Jahrhundert viele Gesichter hat. Hinter den unterschiedlichsten Wanderungsmotiven- und wegen stehen Individuen mit einzigartigen Lebensverläufen und vielfältigen Berufsbildern. Im Projekt sollte es um Lebensgeschichten von Migranten in Bremen heute gehen, weniger um die historische Dimension der Einwanderung nach Bremen. Als Zugang wählten wir das Thema Arbeit, denn hierzu war bislang wenig geforscht. Das Projekt ‚Arbeit und Migration. Transkulturelle Lebensgeschichten in Bremer Unternehmen' untersuchte, wie Arbeit den Integrationsprozess befördert oder behindert.

Bewusst wurde der Begriff transkulturell vom Projektteam gewählt. Es sollte deutlich werden, dass es um prozesshafte, unabgeschlossene, wieder veränderbare Lebensgeschichten geht. Wir gingen von wechselnden Identifizierungen und hybriden Identitäten aus, die neue Räume und Zwischenräume schaffen, statt dem Definieren eindeutiger, festgeschriebener Zugehörigkeiten. Kulturelle Identität ist kontextabhängig und konstituiert sich im jeweiligen sozialen Handel. Mit diesem Ansatz bezogen wir uns auf die Diskurse der Cultural Studies von Hall (1994), Bhabha (1997), Ha (2004) und Anderen.

DER FORSCHUNGSPROZESS

Innerhalb von zwei Semestern beschäftigten sich die Studierenden mit dem Thema legale Erwerbsarbeit und Migration theoretisch, historisch und empirisch. Die wissenschaftliche Betreuung oblag den Ethnologinnen Dr. Cordula Weißköppel, Dr. Margrit E. Kaufmann sowie den Historikerinnen Dr. Christiane Harzig und Dr. Anne E. Dünzelmann. Projektleiterin war die Ethnologin Prof. Maya Nadig. Aspekte der Migrationsforschung wie Managing Diversity, Doing Culture und Identitätskonstruktionen waren Gegenstand der Diskussion. In der historischen Auseinandersetzung ging es sowohl um die Entwicklung des Arbeitsbegriffes als auch um die Geschichte der Einwanderung nach Deutschland und insbesondere Bremen.

Zentral war jedoch die eigene Forschung in Form von biografischen Interviews, die die Studierenden in verschiedenen Bremer Unternehmen durchführten und auswerteten. Mit der biografischen Methode[1] sollten vor allem lebensgeschichtliche Erzählungen ins Zentrum gerückt werden. Dabei wurde besonders das Prozesshafte von Bildung und Persönlichkeitsentwicklung, aber auch von Identität und Kultur deutlich. Die Erzählungen bildeten nicht nur einzigartige Lebensverläufe ab, sondern es wurden Muster offenbar, die auf milieuspezifische, generationsbezogene oder gesellschaftstypische Bewältigungsformen verweisen.

Leitfragen, die bei der Erhebung der Berufsbiografien flexibel Anwendung fanden, waren:

- Thematisieren eingewanderte Arbeitnehmer in modernen Unternehmen ihre verschiedenen kulturellen Zugehörigkeiten?
- Wie ist man im jetzigen Unternehmen gelandet?
- Welche Ausbildung wurde erworben, wie hat man sich weiter qualifiziert?
- Welche anderen Unternehmenserfahrungen wurden gemacht?
- Wann fiel überhaupt die Entscheidung ins Ausland, nach Deutschland zu gehen?

Die Interviews wurden in der Regel am Arbeitsplatz geführt. Der Kontakt zu den ausländischen Arbeitnehmern entstand mit Hilfe von Vermittlern aus dem oberen oder mittleren Management sowie auf Initiative von Betriebsräten. Wenn die in Frage kommenden Beschäftigten Interesse an unserem Projekt zeigten, nahmen die Studierenden eigenständig den Kontakt zu ihnen auf.

Die Gesprächsteilnehmer arbeiteten zum Zeitpunkt des Interviews in internationalen Konzernen wie Kraft Foods und den Stahlwerken Bremen (heute Arcelor

---

[1] Vgl. Schütze 1983; Spülbeck 1998; Bohnsack/Marotzki 1998; Hermann/Röttger-Rössler 2003.

Mittal), bei der Bremer Volkshochschule, der Polizei und in Krankenhäusern und Pflegeeinrichtungen. Auch freischaffende Tänzerinnen und Tänzer sowie Gelegenheitsarbeiter wurden zu ihrem beruflichen Werdegang befragt. Menschen aus Mexiko, Polen, der Türkei, Russland, Frankreich, dem Iran und weiteren Ländern schilderten, welche Bedeutung der Arbeitsplatz für ihr Leben in Deutschland hat. Das Spektrum der Gesprächspartner reichte von der Haushaltshilfe über die Sachbearbeiterin bis zum Manager. Auch Pädagogen, Musiker, Krankenpfleger, Arzthelferinnen und Polizisten kamen zu Wort.

FORSCHUNGSERGEBNISSE

Die Auswertung der Gespräche erfolgte nach dem Verfahren der dokumentarischen Interpretation bzw. der Inhaltsanalyse. Im nächsten Schritt abstrahierten die Studierenden die komplexen Mitteilungen ihrer Gesprächspartner auf zentrale Themen. Denn Ziel war herauszuarbeiten, was sich an der individuellen Geschichte typisches zeigt und nicht, einzelne Migrations- und Arbeitsgeschichten detailliert darzustellen.

Aus den 25 ausgewerteten Fallgeschichten wurde deutlich, dass die Suche nach Arbeit auch im 21. Jahrhundert ein zentrales Motiv für die Emigration vieler Menschen darstellt. Jedoch stehen die Zielländer heutzutage nicht mehr so klar fest. Zunehmend wird ein nomadischer Lebensstil in verschiedenen Ländern geführt: Den Arbeitsmöglichkeiten wird hinterher gezogen, manchmal unfreiwillig, aber auch, um die internationalen Unternehmenserfahrungen zu erhöhen und somit auf der Karriereleiter nach oben zu steigen. Die erfolgreiche Eingliederung in den deutschen Arbeitsmarkt ist stark von den jeweiligen Qualifikationen abhängig und davon, wo sie erworben wurde. In Deutschland nicht anerkannte Berufsabschlüsse erweisen sich oftmals als zentrales Hindernis für einen Integrationsprozess in die deutsche Gesellschaft, während umgekehrt eine dauerhafte, der Ausbildung angemessene Arbeit in größeren Unternehmen Prozesse der sozialen und kulturellen Integration meist beförderte – so ein zentrales Ergebnis unserer Gespräche.

Ebenso ging aus den Berichten hervor, dass eine eindeutige Zuordnung zu einer kulturellen Identität, zum Beispiel deutsch oder türkisch, oftmals nicht vorgenommen wird. Auch das berühmte Verlorensein zwischen den Welten fanden viele der Gesprächspartnerinnen und Gesprächspartner nicht zutreffend. Sie bewegen sich bewusst in den verschiedenen kulturellen Welten, erleben dies vielfach als Bereicherung und sprechen vom Kultur-Mischmasch.

UMSETZUNG IN EIN AUSSTELLUNGSKONZEPT

Die Auswertung der Interviews hatte viele Parallelen zum Entstehungsprozess der Ausstellung. Auch hier ging es darum, immer wieder zu den Schwerpunkten und Kernaussagen zurück zu kommen bei all der umfangreichen Recherchen. Für das Finden der Kernthemen war es hilfreich, das Endprodukt Ausstellung vor Augen zu haben, denn die Aufmerksamkeit für die Bilder, Worte und Metaphern, die die Erzählenden selbst wählten, war dadurch doppelt geschärft.

In Praxisseminaren machten sich die Studierenden mit den Schritten vom Entwickeln einer Idee bis zur fertigen Ausstellung vertraut[2]. In meinem Seminar zur Ausstellungskonzeption ging es zunächst darum, das Sehen zu lernen[3]. Mithilfe von Ausstellungsbesuchen in und um Bremen, Expertengesprächen und Beispielen aus der Praxis warfen die Studierenden einen Blick hinter die Kulissen und näherten sich so den verschiedenen Entstehungsphasen einer Ausstellung an. Die eigene Wahrnehmung und Subjektivität spielten dabei eine wichtige Rolle. In Referaten zur Aufgabe eines Museums und zum Exponat wurden einzelne Aspekte vertieft: Welche Schritte sind nötig, um von einer Idee zu einer fertigen Ausstellung zu kommen? Wie arbeiten Wissenschaftler, Vermittler und Gestalter zusammen? Was für Konfliktpotenziale birgt die Arbeitsteilung?

Neben dem gemeinsamen Besuch der überarbeiteten Dauerausstellung „Ozeanien – Lebenswelten in der Südsee" des Bremer Überseemuseums und der Hamburger Ausstellung „Geteilte Welten – Einwanderer in Hamburg" im Museum der Arbeit, gab es eine dreitägige Exkursion nach Berlin. Hier wurden das Jüdische Museum Berlin und das Museum Europäischer Kulturen, in der die Schauen „Crossing borders" und „MigrationsGeschichte(n) in Berlin" zu sehen waren, besucht. Informativ und inspirierend für das eigene Projekt waren dabei die aus-

---

[2] Vgl. Schwarz/Teufel, 2001.
[3] Dech, 2003.

führlichen Gespräche mit den Machern der Ausstellung. Doch auch auf eigene Faust gingen die Studierenden los. Je nach persönlichen Vorlieben, besuchten sie im Team das Schwule Museum, das Kreuzberg-Museum, das Deutsche Technikmuseum oder die Erlebnisausstellung „The Story of Berlin" und fertigten Ausstellungsanalysen an. Besonders im Jugendmuseum Schöneberg und seiner Ausstellung „Villa Global", in der 14 Jugendliche aus verschiedenen Herkunftsländern, einen Raum gestalteten, inspirierte die Studierenden. Sie wurden nicht müde, Schubladen aufzuziehen, Fotoalben durchzublättern, Briefe zu lesen und Erzählungen zu lauschen.

Das reichhaltige Interviewmaterial bildete das Fundament der Ausstellung. Darüber hinaus recherchierten die Projektteilnehmer zu einzelnen Arbeitsbereichen und Firmenprofilen, aber auch zu spezifischen Migrationsthemen wie dem 2005 verabschiedeten Zuwanderungsgesetz. Sie sammelten statistische Daten über die Zuwanderung nach Bremen, erstellten Fotomaterial und archivierten Exponate. Außerdem warben sie unter meiner Anleitung im Seminar erfolgreich Gelder für die Realisierung ein und übernahmen die Presse- und Öffentlichkeitsarbeit.

Im Gestaltungsseminar von Ulf Treger, freier Grafikdesigner aus Hamburg, entwickelte eine Projektgruppe ein Gestaltungs- und Informationssystem für die Ausstellung. Sie entschied das Farbdesign, legte die typografischen Regeln fest und bestimmte die Raumaufteilung für die Themeninseln. Zur Veranschaulichung bauten sie ein Modell. Im Laufe des Ausstellungsaufbaus war Ulf Treger Ansprechpartner für alle visuellen Fragen, auch was Materialien für den Objektbau sowie die Präsentation der Exponate anging. Dank seiner Unterstützung wurde eine Realisierung in so kurzer Zeit und mit den relativ geringen finanziellen Mitteln überhaupt möglich.

Ausstellungsmodell

Themeninseln, Inszenierungsideen und Objekte

Das zweite Projektsemester stand ganz im Zeichen der Realisierung der Ausstellung mit folgenden Zielen:

- Dekonstruktion des klassischen Gastarbeiters aus dem Süden
- Migration hat viele Gesichter (ob Mann oder Frau, aus der Bildungselite oder aus sozial unteren Schichten, ob politisch aktiv oder uninteressiert, statusbewusst oder liberal und experimentell)
- Strukturelle Bedingungen und kollektive Stigmatisierungen im Einwanderungsland können individuelle Integrationsprozesse erheblich erschweren oder blockieren.

Grundlage war ein gemeinsam entwickeltes Ausstellungsbuch, in dem Ziele, Kernaussagen und Inszenierungsideen beschrieben wurden. Nach Auswertung der Interviews und Durchsicht der Recherchen zum Thema, entschied sich die Gruppe, sechs Themen aufzugreifen, die in vielen Gesprächen von Migrantinnen und Migranten zum Ausdruck kamen, ganz unabhängig von Beruf, Geschlecht, Status und Art des Migrationshintergrundes.

Die Themeninseln wurden zum Leitsystem der Ausstellung und bestimmten die Besucherführung während des Rundgangs. Neben Daten und Fakten zu Migration, flossen vor allem die Lebensgeschichten und Zitate der Gesprächspartner ein. Wichtig war dabei, nicht zu interpretieren, sondern die Aussagen für sich stehen zu lassen.

Kreativ und ideenreich machten sich die Studierenden auf die Suche nach passenden Inszenierungen und Exponaten. Auch stellten sie Hör- und Filmausschnitte zusammen. Viele bezogen ihre Gesprächspartner in den Umsetzungsprozess ein. Die Befragten

Ein Radio als Verbindung in die Heimat

steuerten im Interview erwähnte Gegenstände bei, wie z.B. ein altes Radio, das 1971 mit von Portugal nach Bremen genommen wurde und seither die Verbindung zur Heimat symbolisiert: samstags saß die ganze Familie vor dem Gerät versammelt, um die portugiesischen Nachrichten zu hören.

Auch die Ballettschuhe einer brasilianischen Tänzerin, die sie während ihrer ersten großen Auslandsreise in New York erwarb, gehörten dazu.

Eine weitere Leihgabe war ein Fez, die traditionelle türkische Kopfbedeckung. Ein Polizist türkischer Herkunft erhielt sie von seinen deutschen Kollegen, versehen mit ihren Unterschriften und dem Emblem der Bremer Polizei, für seine Übersetzungsdienste.

Ein Dankeschön für türkische Übersetzungsdienste

Auf die Frage, was seine Arbeitsbiografie am besten illustrierte, empfahl der Gelegenheitsarbeiter Santiago Mendoza[4] Putzhandschuhe, denn putzen könne er überall auf der Welt, das würde am besten sein Tätigkeitsfeld und seine Flexibilität in Bezug auf die Aufenthaltsländer symbolisieren.

Aus den geschilderten Erfahrungen griffen Studierende Metaphern auf: die umgekehrte Karriereleiter, den Anker familiärer Beziehungen oder das Gefühl, in einer Käseglocke der Herkunftskultur der Eltern gefangen zu sein. Diese sprachlichen Bilder wurden in der Ausstellung genutzt, um die subjektiv geschilderten Erfahrungen zu visualisieren. In diesem Prozess des Ausstellungsmachens entstand zwischen einigen Studierenden und Gesprächspartnern eine intensive Beziehung, in der die Erzählenden mit entschieden, wie die Darstellung ihres Themas gelöst wurde.

Eine Chemieingenieurin berichtete beispielsweise, was sie in ihrem Koffer an Erinnerungsstücken dabei hatte, als sie ihre Stelle bei Kraft Foods antrat. Die Studentin sammelte daraufhin mit der Brasilianerin Gegenstände für weitere Kof-

---

[4] Um die Anonymität der Interviewpartner zu gewährleisten, verwendeten wir Pseudonyme.

fer, die sie in 2005 (Gegenwart) und 2010 (Zukunft) packen würde, wenn sie für die Firma als Führungskraft umher reist.

Ein Rundgang durch die Ausstellung

Ein Koffer voller Erinnerungen

Im April 2005 war es dann soweit: Wir eröffneten die Schau „Under Construction – Lebensgeschichten von Migranten in Bremer Unternehmen", die für zwei Monate im 400 m² großen Sonderausstellungsraum des Hafenmuseums Speicher XI zu sehen war.

Die Eingangssituation bildete eine Vitrine mit Mitbringseln. Die Zugewanderten zeigten hier anhand von Objekten wie einem Holzspielzeug in Form einer Schnecke, Ballettschuhen oder einem polnisches Kinderspiel, was sie mitnahmen als Erinnerung an ihr Herkunftsland.

Den Hauptteil der Ausstellung bildeten die sechs Themeninseln. In der ersten, „Ankommen – Deutschland kennen lernen", ging es um die erste Orientierung in Deutschland und um die Auseinandersetzung mit der deutschen Bürokratie: Papierstapel mit Formularen und Auszüge aus dem Zuwanderungsgesetz machten deutlich, dass zunächst Aufenthaltsstatus und Arbeitsmöglichkeiten zu klären sind. Ein Klassenzimmer zeigte, dass es im neuen Leben erstmal ums Lernen geht, z.B. das Erlernen der Sprache und der Gepflogenheiten des Landes. Aber das Klassenzimmer symbolisierte auch einen anderen Aspekt: die Eingewanderten sind nicht nur Lernende, sie können auch zum Lehrenden werden und sind selbst als Sprach- oder Kulturvermittler tätig.

Im weiteren Verlauf der Ausstellung gelangten die Besucher zur Themeninsel „Mythos Arbeit – Wissenschaft, Geschichte und Perspektiven". Sie befasste sich mit Definitionen und Sprichwörtern zu Arbeit in den verschiedensten historischen Etappen und Kulturen: Eine Bibliothek mit Klassikern auf dem Gebiet lud zum

Stöbern ein. Sprichwörter wie „*Ohne Fleiß kein Preis*" oder „*Zeit ist Geld*" offenbarten anerkannte Tugenden, die es in verschiedensten Kulturen gibt, versinnbildlicht durch Redewendungen in türkischer, kyrillischer, spanischer und deutscher Sprache. Hier erzählten außerdem eine Verwaltungsangestellte und ein Stahlarbeiter von der Bedeutung der Arbeit für ihr soziales und privates Leben.

Mit modernen Nomaden beschäftigte sich die dritte Themeninsel „Global Player – Die Welt als Lebensziel". Sie handelte von Menschen, die wie Nomaden der Arbeit hinterher reisen. Migration bedeutet im Zeitalter der Globalisierung nicht mehr nur Ein- oder Ausreise von einem Land in ein anderes. Migration ist heute ein Austausch von Menschen und Kulturen auf der ganzen Welt, nicht immer freiwillig. Der Bereich stellte anhand dreier Lebensläufe und einer Weltkarte zwei Typen von Global Playern vor, die Global Player in der Führungsebene multinationaler Konzerne, die einen Großteil ihrer Lebenszeit an der beruflichen Karriere ausrichten. Und die Global Player, für die Arbeit notwendig zum Überleben ist und die sich flexibel auf Gelegenheitsjobs einlassen müssen.

Die umgedrehte Karriereleiter:
Abstieg statt Aufstieg

Weiter gelangten die Besucher auf ihrem Rundgang zur Themeninsel „Verkannt. Lebensläufe und -barrieren". Dieser Teil thematisierte in Form einer umgedrehten Karriereleiter die Nichtanerkennung erworbener Schul- und Berufsabschlüsse im Herkunftsland. Oftmals sind sie nur nach dem Erwerb einer Anpassungsqualifikation gültig. In der Folge arbeiten viele in Bereichen, die unter dem Niveau des erlernten Berufes liegen und erleben ihren beruflichen Entwicklung als Abstieg. Eine Bautechnikerin, eine Erziehungswissenschaftlerin und ein Musiker beschreiben den oftmals schwierigen Weg, im neuen Land beruflich Fuß zu fassen.

Von Stigmatisierungen berichteten fast alle Gesprächspartner. Die Insel „Typisch – Umgang mit Klischees" konfrontierte die Besucher mit gängigen Klischees und Vorurteilen, positiven wie negativen gegenüber Migranten in Form von Karikaturen und Zitaten. Im Spiegel konnten sie sich mit anatolischem Schnauzbart oder Kopftuch anschauen. Eine Litfasssäule mit Schlagzeilen und Artikeln zu Migration informierte über die aktuelle Berichterstattung in den Medien.

Die Themeninsel „Mehrfach zugehörig – Die vielen Gesichter einer Identität" stellte die Aussagen eines Polizisten, einer Französichlehrerin und einer Arzthelferin vor, die vom Umgang mit einer vielschichtigen Identität berichteten. Auch die Besucher konnten anhand einer eigenen Beschreibung, die an eine Wand geheftet wurde, ihrer vier treffendsten Identitätsmerkmale feststellen: Je nachdem, wo wir sind und mit wem wir sprechen, zeigen wir verschiedene Gesichter. Mal ist man deutsch, mal Kollegin, mal türkisch, mal Fußballfan. Migrantin oder Migrant zu sein bedeutet für jeden etwas anderes: eine berufliche Zusatzqualifikation, Konfliktpotential oder einfach eine Bereicherung.

Den letzten Ausstellungsbereich bildete der „Pausenraum", der in keinem deutschen Betrieb, egal ob Krankenhaus oder Stahlindustrie, fehlt und der in der Ausstellung zum Ausruhen und Resümieren einlud.

Als Ausstellungsort wählten wir das zwei Jahre junge Hafenmuseum Speicher XI. Das Haus, dessen Ausstellung und Sammlung noch im Entstehen sind, zeigt 120 Jahre Hafengeschichte. Die thematischen Überschneidungspunkte mit unserem Vorhaben lagen bei einer Stadt wie Bremen auf der Hand: Die Geschichte der Ein- und Auswanderung ist eng mit der Hafenwirtschaft und hier insbesondere mit den Werften, der Schifffahrt, dem Fischfang und der Wollindustrie verknüpft. Ein weiterer gemeinsamer Aspekt war die biografische Herangehensweise, mit der das Hafenmuseum seine Ausstellung realisiert.

FEEDBACK VON BESUCHERN UND BETEILIGTEN

Die Resonanz auf die Ausstellung war positiv. Einige Studentinnen boten regelmäßig Führungen an und waren auf der „Langen Nacht der Museen" präsent. Darüber bekamen sie ein direktes Feedback von ganz unterschiedlichen Gruppen. Lebendig wurden die Führungen durch die Schilderungen der eigenen Forschungserfahrung, das Eingehen auf einzelne Biografien und ihre Darstellung sowie durch den Einbezug der Besucherinnen und Besucher, beispielsweise durch das Thematisieren ihrer Berufstätigkeit und Identität. Besonders beliebt waren Objekte wie die Koffer von Felicitas Fernando, die die Besucher selbst durchstöbern durften oder die lebensgroße Drahtfigur, die Makbule Aydins Konflikt mit ihrer „türkischen Innen- und deutschen Außenwelt" thematisierten. Einzig kritisiert wurde, dass das Leitsystem nicht sichtbar genug gewesen sei und einige Besucher ihren eigenen Rundgang entwickelten.

Die befragten Migrantinnen und Migranten fühlten sich in der Ausstellung gut repräsentiert. Durch die enge Zusammenarbeit mit den Studierenden konnte eine vielschichtige Darstellung erreicht werden, die auch Widersprüche zuließ. Viele waren froh, dass ihre manchmal auch durchaus traumatische Lebensgeschichte, durch die Form der Ausstellung sichtbar wurde und eine Wertschätzung erfuhr. Aber es löste auch Befremden und Trauer aus: Bei den Angehörigen zweier Studentinnen mit Migrationshintergrund, die ebenfalls Leihgaben und Erzählungen für die Ausstellung beisteuerten, kamen plötzlich die Gefühle der erfahrenen Degradierung und Schwierigkeiten wieder hoch. Bei einigen Studierenden regte die Ausstellung eine ganz neue Auseinandersetzung mit dem eigenen Migrationshintergrund an, der in ihrem Alltag bisher wenig Raum fand oder längst als bearbeitet galt.

FOLGEPROJEKT ZU DEN KINDERN DER EINWANDERER

Aufgrund der positiven Resonanz unter den Studierenden und der Öffentlichkeit entstand 2006 das Praxisprojekt „2. Generation". Mit dem Fokus auf die zweite Einwanderergeneration untersuchten Studierende unter Anleitung Kulturproduktionen dieser Gruppe. Jenseits von Debatten um Zwangsheirat und Kopftuch, wollten die Teilnehmer zeigen, wie vielfältig das Leben in der Migration sein kann. Sie analysierten Filme, Romane, Kabarettszenen und Musikstücke. Ausgehend von den Schlüsselthemen kulturelle Identität und Mehrfachzugehörigkeit, Vermittlersein und kreative Formen der Gesellschaftskritik, die sich als kennzeichnend für die Kinder der Einwanderer herauskristallisierten, konzipierten sie mit Kulturschaffenden der zweiten Generation im Juni 2006 die zweitägige Veranstaltung „IdentitätX - Erfahrungen aus der 2. Generation in der Migration". Ergänzt wurde das Kulturevent mit der Bespielung eines leer stehenden Ladenlokals, in dem 70 Studierende ihre Erkenntnisse in Form von Hör- und Filmstationen sowie Plakaten präsentierten.

LITERATUR

Bhabha, Homi K. 1997 (engl. Orig.). Verortungen der Kultur. In: Bronfen, Elisabeth et al (Hg): Hybride Kulturen. Beiträge zur anglo-amerikanischen Multikulturalismusdebatte. Tübingen, 123-148.

Bohnsack, Ralf/ Marotzki, Winfried (Hg.).1998. Biographieforschung und Kulturanalyse. Transdisziplinäre Zugänge qualitativer Forschung. Opladen.

Dech, Uwe Christian: Sehenlernen im Museum. Ein Konzept zur Wahrnehmung von Präsentation und Exponaten. Bielefeld 2003.

Ha, Kien Nghi: Ethnizität und Migration Reloaded. Kulturelle Identität, Differenz und Hybridität im postkolonialen Diskurs. Berlin 2004.

Hall, Stuart. (engl. Orig.): Rassismus und kulturelle Identität. Ausgewählte Schriften 2. Hamburg 1994.

Hermann, Elfriede/Röttger-Rössler, Birgitt (Hg.): Lebenswege im Spannungsfeld lokaler und globaler Prozesse. Person, Selbst und Emotion in der ethnologischen Biografieforschung. Göttinger Studien zur Ethnologie Bd. 11. Münster 2003.

Schütze, Fritz.. Biographieforschung und narratives Interview. In: Neue Praxis 3/1983, S. 283-293.

Schwarz, Ulrich/Teufel, Philipp (Hg.): Museografie und Ausstellungsgestaltung. Handbuch. Ludwigsburg 2001.

Spülbeck, Susanne: Biographieforschung in der Ethnologie. Kölner ethnologische Studien, Bd. 25. Münster 1998.

Fotos: Marcus Gevers

KONTAKT

Ulrike Osten
kulturräume
E-Mail: kontakt@kulturraeume.de
WEB: www.kulturraeume.de

BARBARA ROTHE
30 Rechte für Menschen
Beispiele aus dem Unterricht mit multinationalen Klassen in der „Straße der Menschenrechte" am Germanischen National Museum in Nürnberg

Nach dem historischen Ereignis der Deklaration der Menschenrechte vom 1o. Dezember 1948 *„ersucht die Versammlung alle Mitgliedstaaten, den Wortlaut dieser Erklärung bekannt zu machen und für seine Veröffentlichung, Verbreitung, Verlesung und Erörterung in Schulen und anderen Bildungseinrichtungen ohne Unterschied des jeweiligen politischen Status der betreffenden Länder oder Territorien zu sorgen."*

In dieser Allgemeinen Erklärung der Menschenrechte verkündeten die Vereinten Nationen in klaren und einfachen Worten jene Grundrechte, auf die jeder Mensch gleichermaßen Anspruch hat. Diese Grundrechte wurden in der Allgemeinen Deklaration der Menschenrechte, Artikel 1, Nr. 3,55 von der Generalversammlung der Vereinten Nationen in Paris genehmigt und verkündet[1].

Die „Strasse der Menschenrechte", ein begehbares Kunstwerk des in Tel Aviv geborenen Bildhauers Dani Karavan, entstand im Zusammenhang mit dem 1993 eröffneten Erweiterungsbau des Germanischen Nationalmuseums (Gnm) in Nürnberg. In 28 Säulen und einer Kopfplatte wurde die verkürzte, vielsprachige Fassung der 3o Artikel eingelassen. Zusammen mit einer Säuleneiche formieren sie sich zum „Way of Human Rights" zur „Straße der Menschenrechte" zwischen den zum Teil historisierenden und zum Teil modernen Gebäudekomplexen des Museums. In seiner Eröffnungsrede verwies Dani Karavan auf die seit der Aufklärung an die Kunst gestellte Forderung, in jedem Einzelnen Impulse freizusetzen, die ihn zum Mitverantwortlichen einer freien, humanen Welt mache. Insofern sei dieses Werk weder Gedenkstätte noch Mahnmal, sondern eine Straße, durch die man promeniert, durch die man läuft und dabei die 3o Menschenrechtsartikel in Deutsch und anderen Sprachen und deren Schriften lesen könne: *„Und Artikel für Artikel kehrt die Erinnerung an vergangene Geschehnisse wieder, und die Hoffnung".* Diese anderen Sprachen verweisen immer auf ein Land, dessen Volk im Laufe seiner Geschichte Entrechtung, Verfolgung oder Genozid erfuhr – oder dessen Urheber dafür war. Der Baum indes meint alle anderen Sprachen, die hier nicht in Erschei-

---

[1] Verabschiedung am 10. Dezember 1948 per Resolution 217 A (III) durch die Vollversammlung der Vereinten Nationen.

nung treten, er verweist nicht nur auf das Freiheitssymbol der Französischen Revolution, er steht für den Willen des Volkes, der die Grundlage für die öffentliche Gewalt bildet, den Artikel 21,3[2].

Der Künstler Dani Karavan spricht den Betrachter seines Werkes als Partner an. Passanten, Touristen, Museumsbesucher umrunden die ein oder andere Säule, um die eingravierten Texte in Deutsch oder einer ihnen bekannten Sprache zu lesen. Kinder und Jugendliche, die mit ihren Regelklassen auf den Einlass zu einem der museumspädagogischen Angebote in das Museum warten, entdecken mitunter zufällig Texte an den Säulen in einer ihnen bekannten Schrift und Sprache, versuchen sie zu buchstabieren und stieben auseinander, sobald sich die Türen zum Einlass öffnen. Jugendliche Skater erobern zurzeit in den Abendstunden den hell beleuchteten „Way of Human Rights".

Way of Human Rights – Straße der Menschenrechte, 1988/93 Inv. Nr.Pl.0.3187, Dani Karavan (193o)

---

[2] Der Wille des Volkes bildet die Grundlage für die Autorität der öffentlichen Gewalt; dieser Wille muss durch periodische und unverfälschte Wahlen mit allgemeinem und gleichem Wahlrecht bei geheimer Stimmabgabe oder in einem gleichwertigen freien Wahlverfahren zum Ausdruck kommen.

Einführung

Die Realität der multi-ethnischen Gesellschaft ist konfliktreich, voller Unruhe und Widersprüche. Unterschiede und Differenzen in Wertvorstellungen und Selbstverständnis kennzeichnen den immer wieder gefährdeten gesellschaftlichen Integrationsprozeß von Flüchtlingen und Migranten und deren Familien in unserem Land. Für die Lebenssituation der Flüchtlings- und Migrantenkinder hier in dem fremden Land wird der Besuch der Schule häufig die erste und zunächst einzige öffentliche Sozialisationsinstanz.

An den Nürnberger Grund- und Hauptschulen waren so genannte Übergangsklassen eingerichtet, in denen Kinder und Jugendliche zusammen gefasst wurden, die über keine oder nur wenig deutsche Sprachkenntnisse verfügten. In den Übergangsklassen wurden sie auf den Übertritt in die Regelklassen der Haupt- und Realschulen vorbereitet, manchmal gelang auch der Übertritt ins Gymnasium. Für die Schüler waren diese für sie eingerichteten Klassen wertvolle Hilfestellung, um sich stabilisieren und orientieren zu können.

Die Arbeit mit Flüchtlings- und Migrantenkindern am Germanischen Nationalmuseum in Nürnberg begann Mitte der 9oer Jahre. Anlass waren die Ausschreitungen gegenüber Ausländern und ihren Unterkünften. Kinder sind die verletzlichsten Mitglieder der menschlichen Gemeinschaft. Ihre Erlebnisse und Erfahrungen prägen das kindliche Weltbild. Sie beeinflussen nachhaltig ihre Lebenseinstellung, ihr Selbstbild und ihre Vorstellung zwischenmenschlicher Beziehungen. Oft bestimmen die Langzeitfolgen dieser Erfahrungen das Handeln des späteren Erwachsenen. Die Idee war an Bert Brechts Worte *„vom Gegenbild schaffen"* angelehnt.

Der Unterricht mit multinationalen Klassen in einem Museum, zunächst experimentell angelegt, stieß auf Gegenwind. Wie arbeitete man mit Schülern, die der deutschen Sprache nicht oder kaum mächtig waren, deren soziokulturellen Hintergrund man nicht kannte: Kinder von Bürgerkriegsflüchtlingen, Asylsuchenden, Kontingentflüchtlingen aus aktuellen Kriegs- und Krisengebieten. Bekannt waren Name, ungefähres Alter, Herkunftsland, Sprache und Religion.
Sichtbar wurde nach den ersten Unterrichtsstunden im Museum ihre Freude und Hingabe an Aufgaben, die sie bildnerisch gestalten konnten. Selbst eine christliche

Krippe wurde nicht zum Hindernis ihrer Gestaltungsfreude – die muslimischen Kinder nahmen sich der Tiere an.

Die Ergebnisse aus dieser experimentellen Unterrichtsreihe bestätigten die Durchführbarkeit mit multinationalen Klassen, so dass, vom staatlichen wie vom städtischen Schulamt finanziell unterstützt, regelrechter sechs- bis achtteiliger museumspädagogischer Unterricht für alle Altersstufen entwickelt werden konnte. In enger Zusammenarbeit mit den Lehrern wurden Themenkreise konzipiert, die den schulischen Unterricht flankierten und in den Sammlungen des Museums anschaubar waren. Der Unterricht im Museum konnte auch sprachliche Defizite mindern. Expressiv und aussagekräftig gelangen in allen Altersstufen die bildnerischen Arbeiten.

Ziel des Unterrichts wurde es, nach der experimentellen Phase, den Schülern einen nachhaltigen Einblick in die für sie fremde deutsche Kultur zu ermöglichen. Indem sie ihr neues Lebensumfeld besser verstehen lernten, konnte sich auch ihre soziale Kompetenz verstärken. Das hieß, mit den Schülern im Museum gemeinsame Kategorien als Basis zu erarbeiten. Die Unterrichtseinheiten orientierten sich an den Lebens- und Bildungsbedürfnissen dieser jungen Menschen und machte sie bekannt mit Grundqualifikationen für ein Leben in Westeuropa.

Klassischerweise gelten Museen als Orte des Vergangenen. Hier sind Dinge aufbewahrt, vor allem aus früheren Zeiten. ‚Museal' besagt im allgemeinen Verständnis, dass das Objekt seine unmittelbare Aktualität verlor und nun, als Teil des kulturellen Erbes, aufbewahrt und geschützt wird (G. Ulrich Großmann). Es wird wissenschaftlich bearbeitet, um in Schausammlungen oder Vitrinen gezeigt zu werden. Museale Objekte geben Auskunft über politische Machtverhältnisse, religiöse Ordnungsvorstellungen oder zwischenmenschliche Beziehungen. Die Dinge zeigen sich neutral, puristisch sich selbst und subjektiver Interpretation enthoben, faktenorientiert erklärbar vor der Folie der Geschichte. Das Museum entwickelte sich für die Schüler zu einem gesellschaftlich neutralen Raum und insofern zu einem Ort der Ruhe, helle weite Räume, verhaltene Stimmen, Konzentration: Sie waren keinem Erfolgszwang, keiner familiären Enge oder räumlicher Bedrängung, keiner Indoktrination ausgesetzt.

Dieser museumspädagogische Unterricht wollte Lernen nicht verengt auf Wissensanhäufung verstehen, der Ansatz war eher mäeutisch. Der Lernantrieb, die kreative Neugier, das sachliche Interesse vollzogen sich im musealen Raum nicht in Konkurrenz der Schülern zueinander, reduzierte sich nicht auf Zensuren, der offene Rahmen sollte Ängste mildern und Misstrauen abbauen, auch angesichts der inneren Befindlichkeit der Jugendlichen. Der außerschulische Lernort Museum ließ sie hier erste Impulse zur Akkulturation erfahren. Soziales Lernen gestaltete in den Unterrichtseinheiten oft in kleinen Gesten die Prozesse, die die Schüler wie selbstverständlich mit demokratischem Handeln vertraut machte (sich gegenseitig die Hände reichen zur Begrüßung, mich als weibliche Lehrkraft hinzunehmen, Blickkontakte auszuhalten, Mädchen neben sich als Arbeitspartner zu akzeptieren, neben dem ethnischen oder staatlichen „Feind" in der Schulbank zu sitzen, sich von ihm helfen lassen zu können, religiöse Differenzen aushalten, auf mitgebrachte, vertraute Lebens- und Ritualwelten zu verzichten, sich öffnen...).

Integraler Bestandteil des Unterrichts war in Zielen und Methoden die Wertschätzung der heimatlichen Kultur zu erhalten, vor allem aber dem Fremd-Sein in dem neuen Land entgegen zu wirken und das Verständnis für gesellschaftlich-demokratische Prozesse anzustoßen. Das Bekanntwerden mit den Menschenrechten war evident: Es sind Rechte für Alle.

Voltaire formulierte: *„Es heißt die Rechte des Menschen kennen, denn kennt man sie einmal, so verteidigt man sie von selbst."*

Mit diesen Schülern in der ‚Straße der Menschenrechte' einzelne Artikel zu bearbeiten bedeutete, im Ansatz die Traditionen der wichtigsten Kulturkreise zu kennen (Wohlgeordnete hierarchische Gesellschaften, John Rawls 1996, S.72 - 75). Dann, ohne Verweise auf die Biografien der Schüler (zum besseren Verständnis etwa !!!) die Menschenrechtsartikeln behandeln, neutral bearbeiten, wie in Gesetz gegossene Worte als „Rechte für alle Menschen".

Auch auf Verweise aktueller, permanenter Menschenrechtsverletzungen wurde verzichtet, oft waren ja die Kinder und Jugendlichen selbst Opfer oder Zeugen von Kriegshandlungen. Die junge Menschen aus den multinationalen Klassen kamen in der ‚Straße der Menschenrechte' das erste Mal mit den 3o Artikeln der Menschenrechte in Berührung.

In einer ersten feierlichen Erklärung sollte, entsprechend eines Dreistufenplanes, die allgemeine Rechtsüberzeugung der Völker ausgedrückt werden, die die Menschenrechtskommission der Vereinten Nationen 1948 mit der Universal Declaration of Human Rights bekannt gab. Diese Erklärung ist zu einem bedeutenden historischen Dokument geworden, hat aber keine die Staaten bindende Wirkung, wenn man auch ihre allgemeine moralische und rechtliche Bedeutung nicht von der Hand weisen kann. Der (damalige) Ostblock, Südafrika, Saudi-Arabien hatten sich bei dem Beschluss der Generalversammlung am 1o. Dez. 1948 der Stimme enthalten, kein Staat hatte jedoch dagegen gestimmt[3]. Wie es der Vorspruch der Erklärung ausdrückt „ *[...] ist damit eine gemeinsame Richtschnur für alle Völker und Nationen in die Welt getreten"*.

Die 30 Artikel der Deklaration enthalten sowohl persönliche Freiheiten als auch politische und soziale Rechte, aber allem voran steht der allgemeine Grundsatz der natürlichen Freiheit, Gleichheit und Menschenwürde. Divergierendes Sprachniveau, unterschiedlich emotional Reife, altersbedingte kognitive Fähigkeiten, eine breite Leistungsstreuung also, setzten spezifische Methoden voraus, den theoretischen Kern des jeweiligen Menschenrechts zu erfassen.

Vorzugsweise Gespräche vor Werken und Gemälden des frühen 2o. Jhs in der Sammlung des 2o. Jhs des Germanischen Nationalmuseums führten zu den zu bearbeitenden Rechten. Die Biografien der Künstler (E.W. Nay, August Macke, Max Liebermann) schlugen den Bogen in die jeweilige Zeit, in ihren Werken ver-

---

[3] Heidelmeyer, Wolfgang: Die Menschenrechte. Stuttgart 1997.

schränken sich persönliche Erfahrung und existentielle Bedrohung und Not in Farbe, Form und Inhalt. Aber auch über historische Dokumente wie die ‚Schedelsche Weltchronik' oder dem ‚Codex Aureus' war der Zugang zu Artikeln zu finden. Nicht alle Artikel wurden von den 12 Klassen in der „Strasse der Menschenrechte" bearbeitet. Die spezifische Umsetzung der Artikel gelang immer dort am besten, wo die Schüler emotional involviert waren.

Gemeinsam mit der Lehrerarbeitsgruppe ‚30 Rechte für Menschen' entstanden die Unterrichtskonzepte, deren Ergebnisse in einer Handreichung dokumentiert und publiziert wurden. Dieser Handreichung sind teilweise die Abbildungen und Texte der Schüler entnommen.

Im Folgenden möchte ich exemplarisch einige Arbeiten der Kinder und Jugendlichen aus multikulturellen Klassen zu den Artikeln der Menschenrechte vorstellen (wo sich deren verkürzte Säulenfassung zu wenig erschließt, ist eine Weiterung beigefügt):

ARTIKEL 1: ALLE MENSCHEN SIND FREI UND GLEICH AN WÜRDE UND RECHTEN GEBOREN

Selbstbildnis mit Handschuhen
(Albrecht Dürer) 1498

BILDNIS DES MALERS MICHAEL WOLGEMUT
(1516) VON A. DÜRER (GM.885).

Die beiden Dürer-Arbeiten entstanden an der Schwelle zur Neuzeit. Albrecht Dürer zeigt seinen Lehrer Michael Wolgemut noch als Handwerker, sich selbst spiegelt er bereits in der neuen Auffassung des Menschen der Renaissance, in seiner Würde als autonome Persönlichkeit.

In der praktischen Ausführung[4] entstanden Selbstporträts mit eigenen Texten in Kaltnadelradierungen, die koloriert wurden. *„Alle Menschen – gleich geboren, gut gemacht."* war ein Kommentar.

Andreas, 15 Jahre (Kasachstan):
„Der Mensch ist geboren, das Recht ist gleich, ich glaube an mich."

Noor, 15 Jahre (Irak):
„Alle Menschen - gleich geboren und sie haben Wünsche."

---

[4] Ein Geschwisterpaar aus Sri Lanka besuchte diesen Unterricht. Das Mädchen kam nur dieses erste Mal, es fehlte bei allen folgenden Veranstaltungen zu den Menschenrechten ohne Erklärung (Lehrerkommentar), ihr Bruder kam regelmäßig.

Wolfenbütteler Akademie-Texte 30

Artikel 7 : Gleichheit vor dem Gesetz
Objekte: Fayencen, rotes Steinzeug und Porzellane des 16./17.Jahrhunderts.

Betrachtung der Gefäße, Gespräche über Gleiches und Verschiedenes und die Fragestellung: „Was ist ihnen allen gemeinsam?". Niederschrift der wichtigsten Aussagen. Farbige Handzeichnungen vor den Objekten, später ausgeschnitten und in Gemeinschaftsarbeit auf Brotseide geklebt. Der nachfolgende Text einer 6. Klasse entstand daraufhin in der Schule in Gemeinschaftsarbeit:

„Unsere Fayencen sind Krüge, Schüsseln, Teekannen, Vasen und Töpfe. Sie haben unterschiedliche Farben Verzierungen und Muster. Jedes Gefäß ist aus dem gleichen Material, es ist schön und einmalig. Jedes Gefäß ist zerbrechlich. Was hat das mit dem Menschenrecht zu tun? Wir haben verschiedene Größen und Formen...Wir sind aus Fleisch und Blut. Jeden gibt es nur einmal. Jeder Mensch ist verletzlich und braucht gleichen Schutz."

Gemeinschaftsarbeiten einer 6. Klasse zu Fayencen, Steinzeug und Porzellane des 16./17.Jahrhunderts

ARTIKEL 9 : SCHUTZ VOR WILLKÜRLICHER FESTNAHME, INHAFTIERUNG ODER AUSWEISUNG
UND
ARTIKEL 10 ANSPRUCH AUF EIN FAIRES UND ÖFFENTLICHES GERICHTSVERFAHREN (VOR EINEM UNABHÄNGIGEN UND UNPARTEIISCHEN GERICHT)
OBJEKT: SELBSTBILDNIS ALS KRIEGER, 1629, REMBRANDT, HARMENSZ VAN RIJN (1606-69).

Selbstbildnis als Krieger (1629) Rembrandt, Harmensz van Rijn, Gm 391.

Die Einführung zum Artikel 9 kann ebenso die Artikel 8 beziehungsweise den Artikel 10 betreffen. Artikel 8 lautet: Anspruch auf wirksamen Rechtsschutz vor innerstaatlichen Gerichte gegen Handlungen, die verfassungsmäßig zugestandene Grundrechte verletzen.

Die menschliche Würde, um die die Religion, Philosophie, die Gesetzgebung ringen, wird in ihrer Zerbrechlichkeit immer wieder in Frage gestellt. Das Porträt ‚Selbstbildnis als Krieger' zeigt das Antlitz eines jungen Mannes, das des jungen Malers Rembrandt, in Licht und Schatten geteilt. Seine Jugendlichkeit in diesem Selbstbildnis entsprach in etwa dem Alter der Schüler.

Arthur, 16 Jahre (Kasachstan)

Enes, 15 Jahre (Bosnien)

ARTIKEL 13:   DAS RECHT AUF FREIZÜGIGKEIT -
JEDER MENSCH HAT DAS RECHT AUF FREIZÜGIGKEIT UND FREIE WAHL SEINES
WOHNSITZES INNERHALB EINES STAATES. JEDER MENSCH HAT DAS RECHT, JEDES
LAND EINSCHLIEßLICH SEINES EIGENEN, ZU VERLASSEN SOWIE IN SEIN LAND
ZURÜCKZUKEHREN.

OBJEKT: SCHEDELSCHE WELTCHRONIK, 1493,
KOLORIERTES BLATT DER STADTANSICHT
NÜRNBERGS,
BIBL. GM.199/9, BLATT C BILD 14.

Das ‚Liber chronicarum' (1493) fasste in Texten und Holzschnitten das damalige Wissen der Zeit zusammen. „*Diese Weltchronik zählte zu den größten Buchunternehmungen der Dürerzeit*" berichtete Herr Dr. Slenczka, Bibliotheksdirektor des Gnm im Bücherturm den Jugendlichen vor einem der aufgeschlagenen Buchseiten. „*Die großen Blätter wurden nach der Drucklegung unbeschnitten und ungebunden in Fässern zusammengerollt aufbewahrt und mit Schiffen bis nach England gebracht. Die Stadtansichten (auch Byzanz) sind teils authentisch, teils reine Phantasiegebilde aus Versatzstücken. Sie waren immer mit einer Beschreibung versehen*".

Obwohl die frühe Neuzeit geprägt war von Entdeckungsfahrten und mutigen Reisen in ferne Länder hielt sich die Freizügigkeit für Bürger und insbesondere für das Handwerk in engen Grenzen. Einschränkungen bis hin zu Reiseverboten wurden durch die Zünfte geregelt. Die Ausreise von Handwerkern wurde überwacht und registriert.

Nach diesen, für die Schüler beeindruckenden Schilderungen vor einem der großen Originale der Schedelschen Weltchronik, durch den Direktor der Bibliothek, der mit viel Einfühlungsvermögen in seiner Sprachgestaltung auf die Jugendlichen zuging, war es nicht schwierig, in der „Straße der Menschenrechte" die Entsprechung Freizügigkeit im Artikel 13 zu erkennen.

Abbildung und Text Nourzan, 16 Jahre (Griechenland)

„In Selanik, Logerin ist eine Festung. Neben der Festung gibt es ein Denkmal. Dort gibt es große Weinfässer. Die Stadt Selanik ist kleiner als Athen. Es ist ein sehr schöner Platz. Dort ist der Winter kurz. Die Sommermonate sind sehr schön. Die Blumen blühen und die Bäume grünen. Kurz gesagt, dort ist alles sehr schön."

Abbildung und Gedicht Arthur, 16 Jahre (Grosny/Tschetschenien).

„Die dunklen Wolken und die Schatten des Todes sind über die Stadt gezogen. Wir sind geflohen von dort. – Sonst sterben wir, wie es sich gehört. Unsere unnachgiebige Seele ist gewohnt, im Kampf den Frieden zu holen. Das Leben des Feindes lehrt und lernt uns, nicht zu kämpfen."

Artikel 16: Das Recht zu heiraten und eine Familie zu gründen
Objekt: Gemälde ‚Paar im Herbst' 1940, Ernst Wilhelm Nay (1902-68) GM 1698.

E.W. Nay wird in den Kriegsjahren 1940 - 43 nach Frankreich eingezogen. In der Bretagne wird er Kartenzeichner, er spricht selbst von einem erträglichen Los. In seinen Arbeiten findet er zu teils ekstatischen Form- und Farbrhythmen.

In freier Anlehnung an das betrachtete Gemälde und in Anknüpfung an das Menschenrecht Artikel 16 entstanden in zwei verschiedenen Klassenstufen Texte, sowie Kaltnadelradierungen (koloriert) mit Texten in landeseigener Schrift. (Zu diesem Artikel 16 ist in der Handreichung auszugsweise der Bericht der Weltfrauenkonferenz Beijing 4. - 15. Sept. 1995 zur Stellung der Frau abgedruckt).

In den Klassen blieben wir bei der verkürzten Fassung des Artikels. Schon sprachlich wäre man dem Thema ‚Frauendiskriminierung' nicht gerecht geworden, anderseits gab es Mädchen aus Afrika, Asien, Jugoslawien, Polen und anderen Ländern, deren Schicksale auf das Engste mit Diskriminierung verknüpft waren und Thema für eine therapeutische Betreuung gewesen wären.

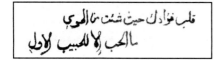

Kalligraphie: Hassan, 17 Jahre (Irak)

„Du kannst dein Herz in alle Winde streuen, du wirst im Leben nie wieder so lieben wie das erste Mal."

„Die Berührung meines Lieblings erhebt mich bis zum Himmel. Diese schöne Gestalt wacht über mich und verbrennt nicht im Laufe der Jahre. Schöner Blick vertreibt die Finsternis, schwere Jahre, erbärmliche Tage. An trüben Tagen erwärmt uns das Feuer der Liebe , wird uns geschenkt und gibt uns Licht auf fernen Wegen, auf dem Weg des Lebens und der Liebe. Niemals werden wir Vergessen, das Feuer, das uns gegen Missgeschicke schützt, zu unterstützen."
Text: Walter, 22 Jahre (Russland)

Abschließen möchte ich diese auszugsweise Dokumentation zur Deklaration der Menschenrechte mit

ARTIKEL 18: ANSPRUCH AUF GEDANKEN- GEWISSENS- UND RELIGIONSFREIHEIT
OBJEKT: CODEX AUREUS (985-991). KG 1138.

Der multinationalen Klasse, die diesen Artikel bearbeitet hatte, war die Arbeit mit den Menschenrechten am Germanischen Nationalmuseum bereits bekannt, wie auch ich als vermittelnde (weibliche) Lehrkraft. Eine gewisse Basis an Offenheit im Umgang miteinander war entstanden, so dass sich die Schüler zum Thema Religion zeigen konnten. Es bleibt zu erwähnen, dass in den oberen Klassenstufen (7./9.) Nichtkenntnis der Religionszugehörigkeit ein Miteinander, ja sogar Freundschaft ermöglichte. Insofern war die Bearbeitung des Artikels 18 ‚Religionsfreiheit' nicht spannungsfrei. Durch die Bearbeitung der Thematik aber im ideologiefreien Raum des Museums, vor einem in wissenschaftlichen Kontext aufbereiteten historischen Werk, dem Buchdeckel des ‚Codex Aureus' gelang es, aus dem intimen religiösen Empfinden des Einzelnen auf die Überzeitlichkeit von Religion und ihre zeitlichen Ausformungen zu verweisen. Der in ottonischer Zeit entstandene Deckel des Codex Aureus zeigt in seiner kostbaren Ausstattung goldgetriebene Reliefs, transluzide Schmelzen, goldgefasste Edelsteine, Perlenschnüre und die in Elfenbein geschnittene Kreuzigungsszene. Nicht nur die personifizierten trauernden Gestirne darin sind Verweise auf synkretistische Merkmale.

Gemeinschaftsarbeit einer 7./9. Übergangsklasse, Kaltnadelradierung, koloriert.

Im Gespräch erfolgte auch der Hinweis auf die dem christlichen Codex zeitgleich existierenden Religionen von Hinduismus, Judentum, Buddhismus, Christentum, Islam und dem persischen Mitraskult. Damit war diese Stunde beendet. Wie sehr die Schüler diese Thematik berührte, wurde in darauf folgenden Stunde im Museum sichtbar: Sie hatten Attribute aus ihrer jeweiligen Religion mitgebracht, um ihren Kultus hier am neutralen Ort nochmals vor dem Codex Aureus den anderen Schülern vorzustellen. Für alle, auch den begleitenden Lehrer, war es fast bestürzend *(„...wie werden sie jetzt außerhalb der Schule mit ihm umgehen?")*, dass sich ein Junge den Gebetschal seines Vaters umlegte, das Käppi aufsetzte, einen Gebetsriemen anlegte, jedes Ritual erklärte und sich als jüdisch zu erkennen gab – seine Freunde hatte ihn für einen Muslimen gehalten, sie sprachen dieselbe Sprache.

Zum Abschluss noch eine kleine Episode: Hassan (Name geändert) aus dem Irak hatte mir einen Brief zukommen lassen, in dem er mir die Glaubwürdigkeit der Worte Allahs, übermittelt durch seinen Propheten Mohammed, versicherte. Am Beispiel der nicht ganz runden Erde – denn woher konnte Mohammed das wissen? Später traf ich ihn wieder, er sagte in etwa:

„Ich habe meinen Betreuer gefragt, seit wann die Religion nicht mehr, wie bei uns, das Leben bestimmt und er hat gesagt, seit der Aufklärung. Und das sind die Menschenrechte!?".

LITERATUR

Menschenrechtskonvention. In: Europa-Recht, Beck-Texte im dtv.
München 1997.

Heidelmeyer, Wolfgang (Hg.): Die Menschenrechte.
Erklärungen, Verfassungsartikel, Internationale Abkommen.
Paderborn 1997.

Shute Steven/Hurley Susan: Die Idee der Menschenrechte
ZeitSchriften Fischer. Frankfurt a.M. 1996.

Ignatieff, Michael: Droits de l'homme: la crise de la cinquantaine
Esprit, Revue internationale, No255-256.
Paris 1999 (S.6-23).

Ilting, Karl-Heinz: Naturrecht und Sittlichkeit.
Sprache und Geschichte, Bd. 7. Stuttgart 1983.

Bericht der Vierten Weltfrauenkonferenz
Beijing, 4. - 15. September 1995.
Auszugsweise Übersetzung des Dokuments A/ CONF 177/ 2o. Okt.1995,
New York 1995.

Rothe, Barbara (Hg.): 3o Rechte für Menschen. Bilder und Texte.
Lehrerhandreichungen (KPZ), Nürnberg 2000.

KONTAKT
Barbara Rothe
Felseckerstrasse 17
9o489 Nürnberg
E-Mail : brbrothe@gmx.de

KATRIN WERLICH

AL GLOBE – DAS BRANDENBURGISCHE HAUS DER KULTUREN

Vor fünf Jahren im September 2001 nahm das ‚al globe' – das Brandenburgische Haus der Kulturen, seine Arbeit in Potsdam auf. Ziel war es, eine Institution zu schaffen, die dauerhaft und nachhaltig ihren Platz in der kulturellen und politischen Landschaft Brandenburgs und Potsdams einnimmt und im Sinne von Weltoffenheit und Toleranz in die Gesellschaft ausstrahlt. Mit kulturellen Angeboten, mit Veranstaltungen der politischen Bildung sowie zahlreichen interkulturellen Begegnungsmöglichkeiten sollte eine gesellschaftlich und medial wahrnehmbare Institution geschaffen werden, die als Ort für die Begegnung zwischen Menschen unterschiedlicher Herkunft dient – eine Institution für den interkulturellen Austausch, für Aufklärung und für Wissensvermittlung.

Träger des ‚al globe' ist der Brandenburgische Verein für Weltoffenheit und Menschenwürde e. V. Der Verein hat es sich zur Aufgabe gemacht, Weltoffenheit, Respekt und Toleranz zwischen Menschen verschiedener Herkunft im Land Brandenburg zu fördern. Der Verein versteht Weltoffenheit und Achtung der Würde eines jeden Menschen als elementare Voraussetzung eines demokratischen Gemeinwesens. Sie lassen sich nicht staatlich verordnen, sondern brauchen gefestigte zivilgesellschaftliche Strukturen. Diese will der Verein durch seine Arbeit stärken.

„Migrationen, weltweite Vernetzungen, die Begegnung mit anderen Traditionen und anderen Modernen haben die kulturellen Gegebenheiten weltweit verändert und neue Bedingungen für die Kunst geschaffen. Nationalkulturen, auch wenn sie von vielen Menschen noch einheitlich erlebt werden, gewährleisten keine verbindliche kulturelle Zugehörigkeit mehr. Denkmodelle, die von einer Zweiteilung der Welt in Zentrum und Peripherie ausgehen, sind abgelöst von einem neuen Paradigma der Anerkennung gleichwertiger Kulturen, unterschiedlicher moderner Entwicklungen und der Einbeziehung des kulturellen Gedächtnisses."[1]

Wohl kein Begriff der letzten Jahre hat dabei soviel zwiespältige Gefühle hervorgerufen wie der der Globalisierung, bedeutet sie doch für den individuellen und gesellschaftlichen Lebensraum eine Öffnung für die Vielfältigkeit der Welt bei

---

[1] Zitat: Homepage des Hauses der Kulturen der Welt in Berlin.

gleichzeitigem Verlust beziehungsweise Einschränkung der eigenen Identität. Das Zusammentreffen der Kulturen kann ebenso als Eröffnung für neue Horizonte wie als Auftreten neuer Konfliktebenen begriffen werden. In Zeiten der Globalisierung stehen für die Staaten und ihre Bürger Veränderungen für alle zentralen gesellschaftlichen Bereiche an. Nicht nur müssen staatsbürgerliche Zugangsrechte (Stichwort: Zuwanderungsgesetz) neu definiert werden und soziale und Bildungsaspekte neu diskutiert werden (Stichwort: Kopftuchdebatte), die Fragen der interkulturellen Begegnung und Verständigung können nicht mehr verniedlicht und in gesellschaftliche Nischen geschoben werden.

Die unmittelbare Verknüpfung von Interkulturalität mit der Integration ausländischer Mitbürger in den Arbeitsmarkt führte in den letzen 50 Jahren in der kulturpolitischen Debatte der Bundesrepublik dazu, das Thema vorwiegend dem Bereich Migration zuzuordnen und es nicht als selbständige Kultursäule zwischen und in Überschneidung mit Hoch- und Soziokultur zu betrachten.

Diese Zuordnung wird für Brandenburg als ein Bundesland mit ostdeutscher Geschichte dadurch verstärkt, dass die ostdeutschen Länder keine 50jährige Migrationsgeschichte zu verzeichnen haben und dadurch für den Bereich des multikulturellen Zusammenlebens in den Kommunen und Gemeinden auch keine gesellschaftliche und kulturpolitische Debatte stattfand. Während in den westdeutschen Nachbarländern der Diskurs um die zweite und dritte Generation der Einwanderer geführt wird, versuchen ostdeutsche Kommunen erste Schritte in der Integrationsarbeit mit Flüchtlingen und Migranten, die oft in leer stehenden Neubaublocks am Rand der brandenburgischen Städte und Gemeinden untergebracht werden. Der notwendige Diskurs über die Multikulturalität der deutschen Kultur zwischen Segregation und Durchmischung findet – bei einem Anteil ausländischer Mitbürger von 3%, beispielsweise in Brandenburg – in Ostdeutschland (noch) nicht statt.

Die Wahrnehmung der kulturellen Landschaft als eine vielfarbige, in der fremde Einflüsse und andere Kulturen ihren selbstverständlichen Platz haben, könnte ein weltoffenes Klima schaffen und Horizonte erweitern für den Lebensplanentwurf der Bürgerinnen und Bürger. Ein so gestärktes Selbstbewusstsein wäre wirksames Instrument gegen rassistische und fremdenfeindliche Haltungen.

Dies ist der Ausgangs- und Ansatzpunkt der Arbeit des Brandenburgischen Vereins für Weltoffenheit und Menschenwürde e. V. mit seinem Projekt ‚al globe' – Brandenburgisches Haus der Kulturen. Mit vielfältigen Veranstaltungsformen werden multikulturelle Farbtupfen in die ostdeutsche Alltagskultur gesetzt und dort dauerhaft verankert. Erleichtert wird dieser Ansatz durch das Anknüpfen an ein Segment des ostdeutschen sozialen Gedächtnisses: Kultur transportiert auch politische Botschaften (dies selbstverständlich im erweiterten Sinne des Begriffs des Politischen und nicht auf den parteipolitischen reduziert).

‚al globe' verstand sich in im Arbeitsansatz von Anfang an nicht nur als Kulturanbieter in der Landeshauptstadt Potsdam, sondern auch als Beratungs- und Veranstaltungsagentur wie als Mittler der politischen Bildung für das ganze Land Brandenburg. Hier gibt es einen erheblichen Bedarf an interkulturellen Angeboten, dem ‚al globe' mit verschiedenen größeren oder kleineren Projekten und Veranstaltungen in den ländlichen Regionen Brandenburgs begegnet ist. Wenn die Kenntnis über und der Respekt vor fremden Kulturen in der Fläche Brandenburgs wachsen soll, ist es entscheidend, auch vor Ort ein entsprechendes Angebot und Begegnungsmöglichkeiten zu schaffen.

Die Entfernungen im Flächenland Brandenburg sind zwischen Perleberg und Prenzlau, zwischen Angermünde und Ludwigsfelde so weit, dass auf diesem Weg die Entwicklung von dezentralen Sub-Zentren für interkulturelle Veranstaltungen als zwingend angesehen wurde. In diesem Sinne setzen die interkulturellen Projekte des al globe immer an gegebenen Strukturen vor Ort an. ‚al globe' arbeitet in seinen Projekten immer mit Menschen vor Ort zusammen, die selbst bereits kreativ und gestaltend tätig sind. Dies geschieht von der Planung über die Vorbereitung, Durchführung und Nachbereitung von Veranstaltungen, wobei über diesen Prozess angestrebt wird, die Erfahrung im Umgang und das Handling von interkulturellen Veranstaltungen qualifizierend zu intensivieren. Der Erfolg der Projekte liegt zu einem großen Teil in diesem Handlungsansatz begründet.

Im Rahmen des durch den ESF und das BMWA geförderten Projektes „Xenos – ‚al globe' Überland" wurden über eine Laufzeit von drei Jahren Kontakte und Kooperationen zu 14 Kommunen im Land Brandenburg aufgebaut. Aus dem Ensemble der verschiedenen Veranstaltungsarten hat sich das multikulturelle Festival als besonders geeignete Methode herauskristallisiert, den interkulturellen

Anker auszuwerfen. Gemeinsam mit den Angestellten der Stadtverwaltungen, den Initiativen und Vereinen, den Künstlern vor Ort, den Musikschulen, den Gymnasien und Oberstufenzentren ist es gelungen, die Planung, Vorbereitung und Durchführung dieser Festivals zu einer besonderen Lernerfahrung zu etablieren.

Diese sehr arbeitsintensive Form der Einbeziehung der Ressourcen vor Ort – die jeweils unterschiedlich, aber sehr innovativ und engagiert einen hohen Anteil am Gelingen der Veranstaltungen haben, führt zu einer nachhaltigen Wirkung und der dauerhaften Sicherung dieser Events in der Kulturlandschaft der Kommune oder Region. Weder ist das Europafestival in Angermünde wegzudenken, noch wollen die Ludwigsfelder auf ihr nächstes Brückenfestival verzichten. Nach dem Festival ist vor dem Festival: Ist das eine gerade vorbei, werden aus der Auswertung der Veranstaltung die Erfahrungen für das nächste Event im nächsten Jahr gezogen. In Ludwigsfelde konnte im vergangenen Jahr ein Förderkreis für das Brückenfest ins Leben gerufen werden, in dem sich die Aktiven Ehrenamtlichen der Stadt zusammen finden, um in regelmäßigen Sitzungen über die Monate die Vorbereitungen für die Großveranstaltung zu diskutieren und Impulse zu setzen. Über Ideen, wie beispielsweise einen Plakatwettbewerb im Gymnasium durchzuführen oder die Präsentation von Nachwuchsbands im Weltmusikbereich aus der Region mit vorgelagertem Wettbewerb werden kontinuierliche Aktivitäten über das gesamte Jahr eingeführt. Es ist somit in gewisser Weise gelungen, die interkulturelle Arbeit als grundsätzlichen Bestandteil der Kulturarbeit zu etablieren. In der Präsentationsbroschüre der Stadt Ludwigsfelde wird unter der Rubrik Kultur das Brückenfest aufgeführt. Das Festival ist inzwischen mit ca. 12.000 Besuchern auch des größte Event am Ort. Nachdem es so seinen festen Platz im Kulturalltag erobert hat, besteht nun der nächste Schritt darin, die Aktivitäten in die wirtschaftliche und touristische Strategiebildung der Regionen zu integrieren.

Euphonia – ein Musikprojekt des ‚al globe' mit acht Künstlern aus sieben Nationen auf der Bühne in Ludwigsfelde 2004

Unter dem Slogan „Weltoffenheit als Standortfaktor" wurde im letzten Jahr ein umfangreicher Diskussionsprozess mit den wirtschaftlichen Akteuren vor Ort begonnen, der hoffentlich in den nächsten Jahren eine homogene Verbindung der ansässigen Wirtschaftsunternehmen mit dem Festival erreichen wird, was dann auch zur materiellen Stabilisierung des Festivals beitragen könnte. Ein in Zeiten knapper kommunaler Kassen nicht unbedeutender Aspekt.

Mit seiner jüngsten Tätigkeit knüpft ‚al globe' Verbindungen nach Osten, was nichts anderes bedeutet, als dass die Arbeit über die polnische Grenze transportiert wurde, um sowohl links als auch rechts der Oder mit interkulturellen Festivals und kleinteiligen Kulturveranstaltungen Begegnungsmöglichkeiten in strukturell ähnlichen ländlichen Räumen zu schaffen. Der kulturelle Brückenschlag nach Polen und zu den östlichen Nachbarn durch Konzerte, Workshops und kleine Festivals beiderseits der Oder führt sowohl einheimische und internationale Künstler zusammen, als auch die (deutschen und polnischen) Menschen, die gemeinsam diese Veranstaltungen vorbereiten. Diese Begegnungen können helfen, jüngste Geschichte aufzuarbeiten, Trennendes zu überwinden und das einstige Grenzgebiet als eine gemeinsame Region zu begreifen, in der es sich zu leben und zu arbeiten lohnt.

Fanfare Ciocarlia (Rumänien) auf der Bühne in Ludwigsfelde 2003

‚al globe' arbeitet sehr eng mit dem Medienpartner ‚Radio multikulti' zusammen und findet bei den regionalen und Potsdamer Zeitungen immer auch Unterstützung für die Darstellung der interkulturellen Arbeit. Kooperationspartner sind für das Land Brandenburg insbesondere das Kleist Forum in Frankfurt Oder und Europahaus in Angermünde. Daneben bestehen feste Arbeitsstrukturen mit

113

den Ausländer- und Gleichstellungsbeauftragten, zu Bibliotheken und Kulturämtern im Land. Insgesamt wurden in den vergangenen vier Jahren Kontakte und Kooperationsbeziehungen zu mehr als 15 brandenburgischen Kommunen aufgebaut. Für die Arbeit im Haus in der Charlottenstraße bestehen Beziehungen zu über 50 Initiativen und Vereinen, besonders genannt seien die Universität Potsdam, das Akademischen Auslandsamt und der ASTA, die Robert Bosch Stiftung und MitOst e. V.

Seit seiner Gründung hat das ‚al globe' zahlreiche Veranstaltungen durchgeführt und mit diesen jährlich mehrere zehntausend Menschen erreicht. Insgesamt wurden für diesen Zeitraum mehr als zwei Millionen Euro Projektmittel, insbesondere aus dem Europäischen Sozialfonds aber auch aus Bundes- und Landesmitteln akquiriert.

Die PRINZIPIEN DER ARBEIT DES AL GLOBE

- Qualität

Das ‚al globe' setzt von Anfang an auf einen hohen qualitativen Standard der präsentierten künstlerischen Angebote. Ein Engagement erhält nicht derjenige, der aus einem anderen Land kommt, sondern der oder die Künstlerin, die eine hohe Professionalität vorweisen können. Dieses Prinzip führt zu einer starken Wirkung in der Rezeption: Die internationalen Künstler werden für ihre Leistung und nicht für ihre Herkunft anerkannt. Dies ist eine der wesentlichen Grundlagen für Achtung und Anerkennung zwischen Künstlern und Rezipienten.

- Lösung von Bekanntheit – Entdeckung von Neuem

Die kulturellen Angebote des ‚al globe' können nur selten auf eine Bekanntheit und die damit verbundenen sicheren Publikumsströme rechnen. ‚al globe' hat versucht, diesen Nachteil in einen Vorteil zu wandeln: Die von uns präsentierten Darstellungen – vorrangig im Bereich Weltmusik, arbeiten mit dem Überraschungseffekt. Die Mischung von interkulturellen Einflüssen mit bekannten Pop- und Rockstilen sichert beim Publikum sowohl den Wiedererkennungseffekt als auch die Neuentdeckung. Sie erweitert über diesen Mix tatsächlich den kulturellen

Horizont. Zudem ist damit eine Umkehrung der Angebot-Nachfrage-Struktur zu verzeichnen: al globe kann mit seinen Angeboten eine Nachfrage schaffen, die sich aber nicht zwingend einstellen muss. Der mit dieser Situation verbundene Arbeitsaufwand im aufklärerischen Bereich stellt neue Anforderungen an Kulturarbeit.

- Offenheit für Angebote – Präsentation

Nicht selten bringen interkulturelle Veranstaltungsangebote auch neue Präsentationsformen mit sich, die sich nicht vollständig mit den hiesigen Ordnungs- und Verwaltungsvorschriften wieder finden. Das Management mit diesen ungewohnten Formen fordert Kreativität und Empathie.

Der Percussion- und Tanzworkshop mit der Brasilianischen Straßenkinderband Moleque de Rua aus Sao Paolo, der von uns im Rahmen der Schülerprojektwoche am Strittmatter Gymnasium in Spremberg geplant und mit dem Lehrerkollegium vorbereitet wurde, entwickelte sich eigendynamisch zu einem brasilianischen Karnevalsumzug durch die Stadt.

Eine Lehrerin danach: „*Wir haben etwas wieder gefunden, von dem wir nicht mehr wussten, dass wir es besitzen: Die Fähigkeit zur Improvisation.*"

- Schatzsuche und Generationenfrage

Die Loslösung von der Festlegung auf ein Genre führt zu einer Vielfalt in der Präsentation und einer Vielfalt in der Rezeption: Das multikulturelle Festival etwa präsentiert unterschiedlichste musikalische Stilrichtungen – vom portugiesischen Fado bis zum arabischen Blues, vom mazedonischen Punk-Rock made in USA bis zum Bollywood-Space Cake. Das Ü-50 Publikum, das in Ludwigsfelde beim Konzert der Berliner Hip-hop-Band ‚Die Ohrbooten' in Begeisterungsstürme ausbrach, wäre wohl überwiegend nicht zu einem einfachen Hip-hop-Konzert in ein Kulturhaus gegangen. Es ist zu vermuten und entspricht unseren Erfahrungen, dass die Neugier auf bisher ungewohntes und der Entdeckerdrang gerade durch solche Initialzündungen geweckt werden, und sich damit eine Freude beim Finden von unbekanntem Fremdem als Horizonterweiterung und Bereicherung des eigenen kulturellen Potenzials einstellen.

LIEDER AN DER ODER

Über das Projekt TRAFO-Europa (gefördert aus ESF-Mitteln), das mit interkulturellen Projekten die deutsch-polnischen Begegnungen befördern will, entstanden in den letzten drei Jahren zahlreiche Kontakte zwischen den kleinen Kommunen links und rechts der Oder, vornehmlich in der Uckermark. Für die Mitarbeiter des Projektes entwickelte sich im Laufe der verschiedenen Phasen, der Kontaktaufnahme mit den Partnern, im Laufe der ersten Kooperationen und erster Erfolge ein besonderes Gefühl für die Region. Die doppelte Geschichtslast dieser deutsch-polnischen Grenzregion vermittelt sich in den Biografien der hier lebenden Menschen. Entwurzelung und Vertreibung erhalten – losgelöst von einer revanchistischen politischen Diskussion – ein neues Gesicht. Viele der Bewohner westlich der Oder haben ihre Kindheit auf der östlichen Seite verbracht, die im Osten wohnenden Menschen haben meist ihre Vorfahren und damit ihre Geschichte in Ostpolen, der Ukraine oder Weißrussland. Man gewinnt den Eindruck, dass durch den neuen – den europäischen Charakter der Odergrenze diese Region die Chance erhält, neu über ihre Geschichte nachzudenken und diese mit den Nachkommen der inzwischen dritten und vierten Generation durch neue Impulse und das Finden neuer Ressourcen gemeinsam zu entwickeln. Das Projekt TRAFO-Europa des Brandenburgischen Vereins für Weltoffenheit und Menschenwürde e. V. versucht, mit Ideen und Ressourcen diesen Prozess zu unterstützen.

Eines der Teilprojekte unter dem Dach TRAFO-Europa ist das Projekt LIODRA (Lieder an der Oder). Für dieses Projekt gibt es eine besondere Entstehungsgeschichte, die im folgenden kurz skizziert sei: Die Sängerin Corinne Douarre, die als Französin seit über zehn Jahren in Berlin lebt und arbeitet, erzählte bei der ersten ‚transVOCALE' - internationales Festival für Lied und Weltmusik in Frankfurt/Oder und Slubice im November 2004 von einer Projektidee, die sie seit mehr als zehn Jahren verfolgte.

„Die Liebe, die mein Vater für Deutschland empfand, war für mich ein Rätsel.", sagt sie. Ihr Vater liebte Deutschland, obwohl er von 1943 bis 1945 französicher Zwangsarbeiter in einem Arbeitslager in Plauen war. Mit 21 Jahren kehrte er traumatisiert nach Frankreich zurück. Er berichtet seiner Tochter von seinen schrecklichen Erlebnissen aber auch von den menschlichen Begegnungen im Lager. Als er starb hinterließ er Corinne seine Sammlung von Briefen: Zeugnisse einer langjährigen

Brieffreundschaft zu einem tschechischen Lagerinsassen, aber auch zu einem deutschen Ehepaar, die er aus Plauen kannte. Nach seinem Tod begibt sich Corinne Douarre auf die Spuren ihres Vaters nach Plauen und trifft Menschen, die ihr Geschichten erzählen. Sie beschließt, ihre eigene Geschichte der Spurensuche aufzuschreiben und an Jugendliche weiter zu geben, mit der Bitte, dafür eine Geschichte zurückgeschenkt zu bekommen.

Gemeinsam mit den Musikern Corinne Douarre und dem Liedermacher und Texter Manfred Maurenbrecher, der seit Jahren auch in der Uckermark lebt, entwickelt al globe die Idee, anknüpfend an den zahlreichen Kontakten zu deutschen und polnischen Schülern und deren Projekte dieses Geschichtensammeln zu aktivieren und daraus mit den Jugendlichen Lieder zu schreiben. So entsteht das Projekt ‚Liodra – Lieder an der Oder'. Persönliche Lebensgeschichten, von Jugendlichen gesammelt, sollen vertextet und vertont, sollen zu Liedern gemacht werden.

Im Rahmen unserer Kooperationen an der Oder entstehen verschiedene Workshops. Ein Workshop hatte zum Inhalt, dass Jugendliche das jeweilige Gesicht ihrer Region über das Medium Videofilm zeigen. Die Aufgabenstellung war: Wie sehe ich den anderen und die andere Seite? Diese deutsch-polnische jeweils andere Sicht wurde nach Herstellung der Filme durch die Filmvorführungen in verschiedenen Orten präsentiert. Die Filme hatten nicht nur bei den Machern eine große Wirkung: Sie führten fast überraschend zu angeregten Diskussionen nach den Vorführungen, in denen insbesondere alte Menschen (zum Teil erstmals) anfingen, über ihre Erlebnisse, ihre Geschichten in der Öffentlichkeit zu erzählen. Auf besondere Weise kamen über diese kleinen Filme Junge und Alte ins Gespräch. Gemeinsam mit den Interessierten vom ehemaligen Videoprojekt in Chojna und Angermünde wurde ein Workshop ins Leben gerufen. Die ersten Lieder entstanden zu Beginn dieses Jahres.

Ein zweiter Strang in der Projektentwicklung entstand im Rahmen des TRAFO-Europa-Projektes in Frankfurt Oder. Hier gab es einen Arbeitskontakt zum Projekt Building-Bridges des Frankfurter Friedrich-Gymnasiums. Seit über zehn Jahren organisiert der Lehrer Peter Staffa zwischen Frankfurt Oder und Partnern in Israel einen deutsch-israelischen Jugendaustausch. Bestandteil dieser jährlichen Begegnungen ist die Darstellung der Familiengeschichten, der Eltern und Großeltern. So entstanden einmalige Begegnungen mit der jeweiligen Geschichte, wenn – beeindruckendes Beispiel, ein Enkel eines ehemaligen KZ-Aufsehers aus Frankfurt/Oder mit einem Enkel eines ehemaligen KZ-Häftlings aus Israel, über ihre Familien erzählten.

Anlässlich der Begegnungsreise von israelischen Jugendlichen in Frankfurt/Oder im April dieses Jahres stellten wir das Projekt LIODRA im Rahmen eines Workshops vor und fanden sowohl bei den deutschen als auch bei den israelischen Jugendlichen großes Interesse. Über unsere Arbeitskontakte nach Slubice gelang es für diesen Workshop, den Kontakt zu einer Lehrerin und interessierten Jugendlichen in Slubice aufzubauen und das Projekt LIODRA auch in Frankfurt/Oder und Slubice zu etablieren. Damit ist über unser Projekt nicht nur der Kontakt zwischen deutschen und polnischen Jugendlichen entstanden, er konnte in die deutsch-israelische Zusammenarbeit integriert werden. In Israel entsteht derzeit eine eigene Arbeitsgruppe, in der Jugendliche Lieder texten und komponieren, um diese bei ihrem nächsten Schülerprojekt den deutschen und polnischen Jugendlichen zu präsentieren. Für den Sommer 2007 ist ein deutsch-polnisch-israelischer Workshop in Frankfurt/Slubice geplant, wo die Ergebnisse zusammenfließen und ausgetauscht werden können.

Die Idee, aus Geschichten Lieder zu machen fand in ihrer Entstehungsphase nicht nur Zustimmung: Es bestand eine gewisse Skepsis, ob es gelingen würde, qualitativ hochwertige Produkte zu erzielen. Durch die engagierte, vor allem aber hochprofessionelle Mitarbeit der Künstler Corinne Douarre und Mark Hausmann sowie durch den renommierten Liedermacher Manfred Maurenbrecher konnten diese Bedenken sehr schnell ausgeräumt werden. Die von den Jugendlichen entworfenen Texte zeichnen sich besonders dadurch aus, dass in der Komprimierung des Inhalts auf einen poetischen Kern der Grundgedanke einer Geschichte eine neue und besondere Intention und einen besonderen Ausdruck erhält, der in der musikalischen – also künstlerisch verfremdeten – Form besonders nachhaltige Wirkungen erzielt. Der inhaltliche Bezug zur persönlichen Geschichte, zu persönlichen Erlebnissen, zur Heimat, schafft vielleicht ein neues Bewusstsein für die eigenen Entwicklungsmöglichkeiten, erweitert Horizonte im Denken und führt auf jeden Fall zu einmaligen Begegnungen der am Projekt Beteiligten.

Die Suche nach den Geschichten entlang der Oder fokussiert sich nicht auf den Topos Vertreibung, sondern bezieht auch jegliche lokal verankerte, alltagsrelevante oder historisch nachvollziehbare Geschichte ein, die bei den Workshop-Teilnehmern Interesse auslöst. Die Spurensuche erfolgte zunächst in der eigenen Sprache der Teilnehmer, also auf ihrer Seite der Grenze. Im Projektprozess in beiden Orten an der Grenze sind diese Geschichten bereits recherchiert – dies stellt gewissermaßen die Hausaufgabe der Teilnehmer dar – die Textbausteine werden dann gemeinsam in den Workshops erstellt und anschließend vertont.

Bereits in diesem gegenseitigen Lern- und Erfahrungsprozess zeigen sich interessante Unterschiede zwischen den deutschen und polnischen Teilnehmern – beispielsweise zeigen sich die Polen sehr lyrisch beim Vertexten der gefundenen Geschichten, während die deutschen Jugendlichen etwas nüchterner an Texte herangehen. Das gemeinsame Arbeiten eröffnet jedoch einen mentalen Zugang zur Denk- und Gefühlswelt der Anderen und erschließt somit auf neue Weise interkulturelle Erfahrungen.

Im Rahmen des Festivals ‚transVOCALE 2006' wurden die Ergebnisse der workshops „Geschichte in Liedern" präsentiert. Mit diesem ganz eigenen kulturellen Beitrag aus der deutsch-polnischen Region und für seine Bewohner kamen ganz besondere Stimmen durch die jungen Geschichtsvirtuosen zu Wort. Leider können in diesem Textabdruck die Lieder nicht wieder gegeben werden, um die Emotionalität und Intensität zu verdeutlichen.

LIODRA – Lieder an der Oder bietet jungen Erwachsenen eine spielerische und künstlerische Auseinandersetzung mit der Geschichte ihrer Region. Die beiden Bevölkerungsgruppen, die sich am stärksten mit Geschichte und Tradition auseinandersetzten, sind zum einen die Generation der über 50jährigen, die biographisch in ihrer Region verankert sind. Zum anderen betrifft dies junge Erwachsene, die sich im Stadium gegen Ende ihrer Schulzeit und in der Zeit ihrer persönlichen und beruflichen Orientierung befinden, und sich mit der Region ihres Aufwachsens vor allem für ihren künftigen Lebensplanentwurf beschäftigen. Kann ich hier bleiben, wo ich aufgewachsen bin? Welche Chancen habe ich in der Region, hier mein Leben zu gestalten? Die demographische Entwicklung der Regionen beiderseits der Oder ist bekannt; junge Leute verlassen die Regionen in großer Zahl, weil sie für sich keine Möglichkeiten sehen.

LIODRA – Lieder an der Oder zielt darauf ab, das Bewusstsein dieser Generation über die Auseinandersetzung mit der Geschichte und den Menschen der Region zu stärken, und damit vor allem eine nachhaltige Bindung herzustellen. Junge Menschen, die sich in ihrer Region wohl und verankert fühlen, werden ihr innovatives, kreatives Potential bezüglich Arbeitssuche und Existenzgründung auch in wirtschaftlich schwachen und dünn besiedelten Regionen einsetzen, um bleiben zu können.

Es werden dieselben jungen Menschen sein, die Impulse für kulturelles Leben in der Region geben, diese umsetzen, und damit auch andere und nachfolgende Generationen in der Region halten. Kreative junge Menschen beiderseits der Oder begreifen – und dies tun sie über die Beschäftigung mit Geschichte im Musikworkshop gemeinsam – dass sie in einer Region mit ähnlichen Strukturmerkmalen zu Hause sind, und können einen gemeinsamen Bezug zu Region finden.

Für diese längerfristigen Effekte kann das Projekt LIODRA – Lieder an der Oder beispielgebend sein, und liegt somit im Interesse des Landes Brandenburg. Überdies kann das Projekt zwischen den beteiligten Institutionen, wie den Kulturhäusern, Schulen und kommunalen Verwaltungen stabile Netzwerke einrichten, die möglicherweise den Anstoß zu anderen eigenen Projektideen und Kooperationen geben werden. Die bereits sichtbaren Zeichen für diesen Prozess stimmen optimistisch.

KONTAKT
al globe
Brandenburgisches Haus der Kulturen
Charlottenstrasse 31
14467 Potsdam
Fon 0331. 200 88 12
E-Mail: info@alglobe.de
WEB: www.alglobe.de

Anhang

Anhang

Autorinnen und Autoren

ANKA BOLDUAN

Geboren 1951 in Kiel. Nach dem Lehramtsstudium für Geschichte, Arbeitslehre und Textilem Gestalten unterrichtete sie von 1975 bis 1985 an verschiedenen Sekundar-I-Schulen in Bremen. Seit 1985 ist sie als wissenschaftliche Mitarbeiterin am Überseemuseum Bremen beschäftigt und leitet dort den Bereich Kinder und Jugendliche in der Museumspädagogik. Von 1998 bis 2003 studierte sie Kunst an der Universität Bremen. Für Lehrtätigkeiten über museumspädagogische Projekte wurde sie an die Universität Bremen berufen. Sie war als Ausstellungsmacherin für verschiedene museumspädagogische Ausstellungen tätig. Seit 1992 entwickelte sie für verschiedene Drittmittelprojekte Konzeptionen und hatte die Projektleitung von Kinder- und Jugendprojekten wie „Ich und Du - Leben wie in Afrika", ein Integrationsprojekt mit geistig behinderten und nicht behinderten Jugendlichen, „Zu Gast in Afrika", ein interkulturelles Pilotprojekt für Bremer Kindergärten, „Western world meets eastern world", ein interkulturelles und multimediales Pilotprojekt im Konzept „Schule@museum", „Forschen in eigener Sache -FIES" – ein interkulturelles Projekt für Jugendliche im Alter von 14 – 22 Jahre.

MIRIAM COHN

Geboren 1975 in La Jolla, Kalifornien und aufgewachsen in der Region Basel, hat sie in Basel Ethnologie, Entwicklungspsychologie und Mensch-Gesellschaft-Umwelt studiert. Während das Studiums war sie in der NGO International Working Group for Indigenous Affairs tätig, arbeitete danach als wissenschaftliche Mitarbeiterin im Büro für Kommunikation Basel sowie am Schweizerischen Tropeninstitut. Seit 2003 am Museum der Kulturen Basel war sie u.a. als wissenschaftliche Mitarbeiterin mit zuständig für die Ausstellungen FESTE IM LICHT. RELIGIÖSE VIELFALT IN EINER STADT (2004) und URBAN ISLAM. ZWISCHEN HANDY UND KORAN (2006). Daneben ist sie seit mehreren Jahren in verschiedenen Theaterprojekten aktiv, darunter auch solchen mit Kindern und Jugendlichen.

ANNA GABRIELA FIERZ

Geboren 1961 in Zürich, Ethnologin mit regionalem Schwerpunkt Westafrika. Seit Dezember 2000 leitete sie die Abteilung Bildung & Vermittlung am Museum der Kulturen Basel, wo sie unter anderem die Ausstellung „Feste im Licht. Religiöse Vielfalt in einer Stadt" 2004-2005 kuratierte. Während des Studiums war sie in der Erwachsenenbildung „Deutsch für Fremdsprachige" tätig, arbeitete dann in der NGO Arbeitskreis Tourismus & Entwicklung, verfasste die Publikation „Türkei: Ferienland - Fluchtland" (rotpunktverlag Zürich, 1992; in frz. Übersetzung „Turquie de rêve - Turquie d'Exil, L'Harmattan, Paris, 1995), verschiedene weitere Publikationen zum Thema Tourismus und Entwicklung und zu den Themenbereichen „Frauen und Entwicklung", sowie „Schweizer und Schweizerinnen in Westafrika. Von 1997 bis 1998 war sie in der NGO Erklärung von Bern zuständig für den Fachbereich „Nachhaltige Entwicklung", publizierte einen Reiseführer durch die nachhaltige Schweiz „Morgenland", Erklärung von Bern, Zürich 1998 und eine Broschüre zur Situation der Frauen in der Schweizer Textil- und Bekleidungsindustrie „Schlecht bezahlt, doch flexibel und effizient" Zürich, 1999. Von 1999 bis 2000 arbeitete sie bei der Schweizer Kulturstiftung Pro Helvetia in der Abteilung Kulturvermittlung.

CAROLINE GRITSCHKE

Geboren 1966 in Kassel, Studium der Geschichte und Linguistik in Göttingen, Tübingen und Kassel. Seit dem Abschluss der Promotion arbeitet sie als Museums- und Medienpädagogin, Ausstellungskuratorin und Autorin in Stuttgart. Thematischer Schwerpunkt ihrer Arbeit ist die Migrations- und Stadtgeschichte.

ANDREAS GRÜNEWALD STEIGER

Jahrgang 1958. Kulturwissenschaftler mit den Schwerpunkten Museumskommunikation und Museologie. Tätig im Bereich der beruflichen Professionalisierung und Bildungsorganisation für Museumswissenschaftler, leitet seit 1991 den Programmbereich Museum an der Bundesakademie für kulturelle Bildung in Wolfenbüttel.

ELEONORE HEFNER

Geboren 1955. Studium an der Pädagogischen Hochschule und an der Universität Heidelberg (Deutsch, Geschichte, Erziehungswissenschaft, Psychologie und Ethnologie). Umfangreiche Erfahrungen in der Kulturvermittlung (Goethe-Institut Jakobstad/Pietarsaari, Finnland, Koordinationsstelle für Ausländerarbeit in Ludwigshafen, Abteilungsleitung Kulturförderung der Stadt Ludwigshafen, Kultur Rhein-Neckar e.V.) Seit 1989 Lehraufträge an den Universitäten Heidelberg, Karlsruhe und Mannheim und an der Evangelischen Fachhochschule für Sozialwesen in Ludwigshafen. Schwerpunkte: Kultur und Migration; Management von NPO. Seminare und Beratungstätigkeit im NPO-Bereich.

RITA KLAGES

Museumspädagogin in Berlin, ist die Initiatorin des Netzwerkes Interkultur. Sie realisierte zahlreiche interkulturell ausgerichtete Projekte für den Verein Nachbarschaftsmuseum in Zusammenarbeit mit verschiedenen Berliner

Museen und im EU-Projekteverbund und verfasste dazu mehrere Publikationen. Auf dem Hintergrund des EU-Projekts „Migration, work and identity. A history of people, told in museums" (Culture 2000) rief sie 2001 in Kooperation mit dem Nachbarschaftsmuseum e.v., dem Museum Europäischer Kulturen/Staatliche Museen zu Berlin, dem Museumspädagogischen Dienst und dem Deutschen Technikmuseum Berlin die ‚Berliner Plattform' ins Leben, um die Ergebnisse des EU-Projekts, verbunden mit einer interkulturellen Ausrichtung der Arbeit, nachhaltig in den Museen zu verankern (siehe auch in „Migration und Museum. Neue Ansätze in der Museumspraxis"; Hrsg. Henrike Hampe, Lit Verlag, Münster, 2005).

RICHARD NAWEZI

Geboren 1957 in Lubumbashi, RD Kongo, entschied sich nach seinem Mineralogiestudium in Münster für einen künstlerisch kulturellen Werdegang. Er organisiert politische Veranstaltungen zum Thema Afrika, seit 1995 Redaktion und Moderation des afrikanischen Musik- und Kulturmagazins Radio Soukous im Bürgerfunk/Radio Antenne Münster. Seit 1998 ist er als Schauspieler und Regisseur bei verschiedenen Werken (Alboury: Kampf des Negers und der Hunde; Schilinski: Jakob von Gunten; Kobold: In seinem Garten liebt Don Don Perlimplin Belinda; Bebey: Agathas Kind) tätig gewesen. Im Jahr 2000 erfolgte Gründung des Vereins Mutoto e.V. Unterstützung von Straßenkindern in Lubumbashi in Zusammenhang mit kulturell-künstlerischer Arbeit. 2002 Gründung des Labels ‚kitunga.projekte'. Organisation von Projektreihen (Spurensuche), Ausstellungen, Theaterstücken. 2003 Regie bei dem kongolesisch-deutschen Theaterstück Vakkabo. 2005 Amo – eine dramatische Spurensuche nach den Fragmenten der Lebensgeschichte des ersten schwarzen Hochschulprofessors im 18. Jahrhundert. Auszeichnungen: Africa Festival Journalists Award 2004 für engagierte Berichterstattung. Preis für Mutoto-Filmproduktion Survie beim Afrika Filmfestival 2005 in Leuven (Belgien). Nord–Süd–Preis der Stadt Münster 2005.

ULRIKE OSTEN

Geboren 1970 in Bremen, studierte Kulturwissenschaften und Ethnologie in Bremen und Zürich. 1997 bis 1999 Tätigkeit im Ausstellungsbereich und Konzeption von verschiedenen Veranstaltungsformaten für das Hygiene-Museum Dresden und das Bremer Expo-Projekt ‚zeiten:der:stadt'; Tätigkeit in der Stadtteilkulturarbeit. 2001 Gründung der Agentur kulturräume, Konzeption und Realisierung von Veranstaltungen und Festivals u.a. für den Kommunalverbund Niedersachsen/Bremen, die Internationale Künstlerinnenstiftung ‚Die Höge' und verschiedene Kulturzentren. Seit 2004 Lehraufträge an der Universität Bremen zur Konzeption von Kultur-Events und Themenausstellungen. 2006 künstlerische Leitung des Viertelfestes, Bremens größtem Kulturfest.

Anhang

BARBARA ROTHE

Jahrgang 1944, Studium an der Akademie der bildenden Künste: Kunst- und Kulturvermittlung in der Erwachsenenbildung in Nürnberg. Von 1986 bis 2oo4 Lehrbeauftragte für Kommunikationsdesign an der Fachhochschule Nürnberg. Von 1982 bis 2oo1 Museumspädagogin in freier Mitarbeit am Kunstpädagogischen Zentrum (KPZ) im Germanischen National-Museum, Nürnberg. 1993 bis 2ooo Entwicklung curricular angelegter Unterrichtseinheiten für Übergangsklassen ‚Multinationale Klassen im Museum, ein Integrationsmodell'. 1997 bis 1999 Betreuung und Begleitung des Integrationsmodells als Präventionsprojekt des Europarates an elf Museen in Rumänien ‚Cohésion sociale et patrimoine culturel'. Veröffentlichungen von Vorträgen, Berichten, Lehrerhandreichungen, Dokumentationen und Ausstellungskonzeptionen. Von 1998 bis 2ooo Bearbeitung der 3o Menschenrechte von Schülern der Übergangsklassen (KPZ). Aus dieser Arbeit sind Bilder und Texte publiziert in „3o rechte für menschen".

Im Jahre 2001 wurde Barbara Rothe für das Projekt ‚Multinationale Klassen am Germanischen Nationalmuseum' mit dem Bundesverdienstkreuz der Bundesrepublik Deutschland ausgezeichnet.

KATHRIN WERLICH

Geboren 1961 in Jena. 1983 bis 1984 Studium der Pädagogik (Kunsterziehung/Deutsch) und 1988 bis 1997 der Wissenschaftsorganisation an der Humboldt-Universität zu Berlin. Studentische Vertreterin im Kuratorium der HUB während der Umgestaltungsphase 1990 - 1993, von 1991 bis 1997 Vorstandstätigkeit im Buntstift – Förderation der Grün-nahen Landesstiftungen sowie im Stiftungsverband Regenbogen e. V. Von 1997 bis 2001 Geschäftsführerin der Heinrich-Böll-Stiftung Brandenburg, zahlreiche Projekte im Bereich Jüdische Geschichte in Potsdam sowie im Bereich Rechtsextremismus und Fremdenfeindlichkeit. Seit 1999 Mitarbeit im Brandenburgischen Verein für Weltoffenheit und Menschenwürde e. V., Aufbau des Brandenburgischen Hauses der Kulturen – ‚al globe' seit 2000. Geschäftsführung des ‚al globe' 2001 bis 2006; in diesen fünf Jahren: Projekt ‚al globe' – Überland (ESF-Förderung): mehr als 150 Veranstaltungen in 15 Kommunen des Landes Brandenburg; Projekt Trafo-Europa (ESF-Förderung) mit interkulturellen Projekten an der deutsch-polnischen Grenze wie zum Beispiel Völkerfrühling an der Oder – interkulturelle Festivals in sieben Kommunen und ‚transVOCALE' – europäisches Festival für Lied, Chanson und Weltmusik in Frankfurt/Oder und Slubice.

Anhang

Wolfenbütteler Akademie-Texte

Die Reihe WOLFENBÜTTELER AKADEMIE-TEXTE (WAT) gibt die BUNDESAKADEMIE FÜR KULTURELLE BILDUNG WOLFENBÜTTEL heraus. Diese Reihe dient vor allem dazu, Arbeitsergebnisse aus Veranstaltungen der Akademie zu dokumentieren und einer breiteren Öffentlichkeit zugänglich zu machen. Bislang sind in dieser Reihe folgende Bände erschienen:

WAT 1 Karl Ermert (Hg.): Ehrenamt in Kultur und Arbeitsgesellschaft. Wolfenbüttel 2000. 156 Seiten, € 10,50. ISBN 3-929622-01-7.

WAT 2 Karl Ermert / Thomas Lang (Hg.): Die Förderung von Kunst und Kultur in den Kommunen. Kommunikationsformen, Willensbildung, Verfahrensweisen. Wolfenbüttel 2000. 128 Seiten, € 10. ISBN 3-929622-02-5.

WAT 3 Klaus N. Frick / Olaf Kutzmutz (Hg.): Nicht von dieser Welt. Aufsätze und Dokumente zur Sciencefiction. Wolfenbüttel 2001. 112 Seiten, € 8. ISBN 3-929622-03-3.

WAT 4 Sabine Baumann (Hg.): Nachts ... Bilderbücher mit allen Sinnen erfassen. Wolfenbüttel 2001. 68 Seiten, € 8. ISBN 3-929622-04-1.

WAT 5 Olaf Kutzmutz (Hg.): Harry Potter oder Warum wir Zauberer brauchen. Wolfenbüttel 2001. 112 Seiten, € 9. ISBN 3-929622-05-X.

WAT 6 Karl Ermert (Hg.): Kultur als Entwicklungsfaktor. Kulturförderung als Strukturpolitik? Wolfenbüttel 2002. 128 Seiten, € 10,40. ISBN 3-929622-06-8.

WAT 7 Sabine Baumann (Hg.): Künstlervertretungen im 21. Jahrhundert. Wolfenbüttel 2002. 100 Seiten, € 8. ISBN 3-929622-07-6.

WAT 8 Katrin Bothe u. a. (Hg.): Destillate. Literatur Labor Wolfenbüttel 2001. Wolfenbüttel 2002. 182 Seiten, € 10,40. ISBN 3-929622-08-4.

WAT 9 Olaf Kutzmutz (Hg.): Warum wir lesen, was wir lesen. Beiträge zum literarischen Kanon. Wolfenbüttel 2002. 112 Seiten, € 9. ISBN 3-929622-09-2.

WAT 10 Katrin Bothe u. a. (Hg.): Destillate. Literatur Labor Wolfenbüttel 2002. Wolfenbüttel 2002. 136 Seiten, € 9. ISBN 3-929622-10-6.

WAT 11 Karl Ermert / Dieter Gnahs / Horst Siebert (Hg.): Kunst-Griffe. Über Möglichkeiten künstlerischer Methoden in Bildungsprozessen. Wolfenbüttel 2003. 148 Seiten, € 11,20. ISBN 3-929622-11-4.

Anhang

WAT 12 Karl Ermert (Hg.): Bürgerschaftliches Engagement in der Kultur. Politische Aufgaben und Perspektiven. Wolfenbüttel 2003. 164 Seiten, € 11,50. ISBN 3-929622-12-2.

WAT 14 Olaf Kutzmutz / Peter Waterhouse (Hg.): Halbe Sachen. Dokument der Wolfenbütteler Übersetzergespräche I-III. Wolfenbüttel 2004. 270 Seiten, € 15,90. ISBN 3-929622-14-9.

WAT 15 Karl Ermert / Olaf Kutzmutz (Hg.): Wie aufs Blatt kommt, was im Kopf steckt. Über Kreatives Schreiben. Wolfenbüttel 2005. 176 Seiten, € 11,90. ISBN 3-929622-15-7.

WAT 16 Katrin Bothe u. a. (Hg.): Destillate. Literatur Labor Wolfenbüttel 2003. Wolfenbüttel 2004. 128 Seiten, € 9,20. ISBN 3-929622-16-5.

WAT 17 Karl Ermert /Annette Brinkmann / Gabriele Lieber (Hg.): Ästhetische Erziehung und neue Medien. Zwischenbilanz zum BLK-Programm „Kulturelle Bildung im Medienzeitalter". Wolfenbüttel 2004. 300 Seiten, € 18,90. ISBN 3-929622-17-3.

WAT 18 Karl Ermert (Hg.): Evaluation in der Kulturförderung. Über Grundlagen kulturpolitischer Entscheidungen. Wolfenbüttel 2004. 124 Seiten, € 10. ISBN 3-929622-18-1.

WAT 19 Katrin Bothe u. a. (Hg.): Destillate. Literatur Labor Wolfenbüttel 2004. Wolfenbüttel 2005. 132 Seiten, € 9,60. ISBN 3-929622-19-X.

WAT 20 Sabine Baumann (Hg.): Künstlerische Erfolgsstrategien – ein Dialog zwischen Ost und West. Artistic Strategies of Success – A dialogue between the East and the West. Wolfenbüttel 2005. 254 Seiten, € 14,90. ISBN 3-929622-20-3.

WAT 21 Katrin Bothe u. a. (Hg.): Destillate. Literatur Labor Wolfenbüttel 2005. Wolfenbüttel 2005. 168 Seiten, € 11,20. ISBN 3-929622-21-1.

WAT 22 Sabine Baumann / Leonie Baumann (Hg.): Wo laufen S(si)e denn hin?! Neue Formen der Kunstvermittlung fördern. Wolfenbüttel 2006. 258 Seiten, € 14,90. ISBN 3-929622-22-X.

WAT 23 Andreas Eschbach / Klaus N. Frick / Olaf Kutzmutz (Hg.): Wolf N. Büttel: Sie hatten 44 Stunden. Roman und Dokumentation. Wolfenbüttel 2006. 320 Seiten, € 17,90. ISBN 3-929622-23-8.

WAT 24 Olaf Kutzmutz / Adrian La Salvia (Hg.): Halbe Sachen. Dokument der Wolfenbütteler Übersetzergespräche IV-VI. Erlanger Übersetzerwerkstatt I-II. Wolfenbüttel 2006. 504 Seiten, € 19,90. ISBN 3-929622-24-6.

WAT 25 Karl Ermert / Thomas Lang (Hg.): Alte Meister. Über Rolle und Ort Älterer in Kultur und kultureller Bildung. Wolfenbüttel 2006. 172 Seiten, € 11,40. ISBN 3-929622-25-4.

WAT 26   Katrin Bothe, Andrea Ehlert, Friederike Kohn und Peter Larisch (Hg.): Destillate. Literatur Labor Wolfenbüttel 2006. Wolfenbüttel 2007. 132 Seiten, € 9,90. ISBN 978-3-929622-26-3.

WAT 27   Karl Ermert (Hg.): Staatsziel Kultur – Symbolpolitik oder mehr? Wolfenbüttel 2007. 92 Seiten, € 6,90. ISBN 978-3-929622-27-0.

WAT 28   Karl Ermert (Hg.): Kulturelle Bildung und Schule – Netzwerke oder Inseln? Wolfenbüttel 2007. 112 Seiten, ISBN 978-3-929622-28-7.

Alle Bände sind über den Buchhandel oder direkt bei www.libri.de zu beziehen. Änderungen bei den Preisangaben vorbehalten.

In eigener Sache

Bundesakademie
für kulturelle Bildung
Wolfenbüttel

Ziele

Die Akademie ist ein Ort für Kunst, Kultur und ihre Vermittler. Ihr Zweck besteht darin, kulturelle Bildung zu fördern. Das geschieht insbesondere durch Fort- und Weiterbildung von haupt-, neben- oder ehrenamtlich tätigen Personen, die künstlerisch und / oder kulturvermittelnd arbeiten. Die Akademie verfolgt damit das Ziel, über die Fortbildung von Multiplikatoren Kulturarbeit zu professionalisieren, das Angebot von hochqualifiziertem Personal auf dem Arbeitsmarkt der kulturproduzierenden und kulturvermittelnden Berufe in Deutschland zu stärken und damit bundesweit zur kulturellen Entwicklung in unserer Gesellschaft beizutragen.

Angebot und Arbeitsweise

Die Akademie bietet vor allem berufs- oder tätigkeitsbezogene Fortbildungsseminare in derzeit fünf Programmbereichen an: bildende Kunst, Literatur, Museum, Musik und Theater, die auch interdisziplinär und zusammenarbeiten. Ergänzt wird das Angebot durch Fachtagungen, Kolloquien und Symposien, in denen Experten, politisch und administrativ Verantwortliche sowie Betroffene im Kulturbereich gemeinsam Probleme analysieren und nach Problemlösungen suchen. Publikationen, von Buch und Broschüre (in der Reihe Wolfenbütteler Akademie-Texte) bis CD-Rom und Internet-Angebot (www.bundesakademie.de), sowie Beratungsdienstleistungen für Einrichtungen und Einzelpersonen (Coaching) runden die Produktpalette ab.

Die Fortbildungsarbeit geschieht konkret und praxisorientiert in meist drei- bis fünftägigen Seminaren. In der Regel erarbeiten Kleingruppen ihre Themen mit den Programmleitern der Akademie sowie mit externen Dozenten bzw. Referenten, die für die fachlichen Spezialthemen besondere Qualifikationen aufweisen. Die meisten Fachbereiche bieten auch mehrteilige Kursreihen an, teils mit Zertifikatsabschluss.

Anhang

Es bestehen zahlreiche Kooperationen mit Verbänden, Stiftungen, Hochschulen, Rundfunkanstalten, Einrichtungen der Lehrerfortbildung usw.

Gastbelegungen sind auf Anfrage möglich.

Standort und Trägerschaft

Die Akademie arbeitet im Schloss Wolfenbüttel und in ihrem Gästehaus, einer ehemaligen Wassermühle, in einem ebenso funktionalen wie stilvollen Kontext. Die Akademie wurde 1986 gegründet und wird unterhalten durch einen gemeinnützigen Trägerverein, dem neben Einzelpersonen und zahlreichen Kulturverbänden Stadt und Landkreis Wolfenbüttel, die Länder Niedersachsen und Bremen sowie der Bund angehören. Sie wird institutionell gefördert durch das Land Niedersachsen und erhält Projektförderung durch den Bund.

Das Gästehaus - die ‚Schünemannsche Mühle'

Schloss Wolfenbüttel

Bundesakademie für kulturelle Bildung Wolfenbüttel
Postfach 1140
38281 Wolfenbüttel
Tel. 05331.808-411
Fax 05331.808-413

E-Mail zentral: post@bundesakademie.de

Im Internet: www.bundesakademie.de